Barrier Value

垣内俊哉
ミライロ代表取締役社長

バリアバリューの経営

障害を価値に変え、
新しいビジネスを創造する

東洋経済新報社

プロローグ

◆障害は人ではなく、社会にある

「多様性」。今やこの言葉をニュースやテレビで見聞きしない日はほとんどありません。国連が掲げる「誰一人取り残さない社会の実現」という目標に、異議を唱える人はいないはずです。それでも、その目標を日常とかけ離れた遠い問題のように感じる人もいるでしょう。

私たちの周りには多様性があふれています。仮に日本を100人が暮らす国にたとえると、それがよくわかります。100人のうち51人が女性、49人が男性の計算になり、性別はどちらが多数派、少数派ということはありません。

しかし、これが右利き、左利きになると、9対1で右利きのほうが多く、100人のうち10人の左利きは少数派になります。同じくLGBTQ+の人は100人中10人、障害者は9人となり、この人たちも少数派です。

日本が100人の国であれば

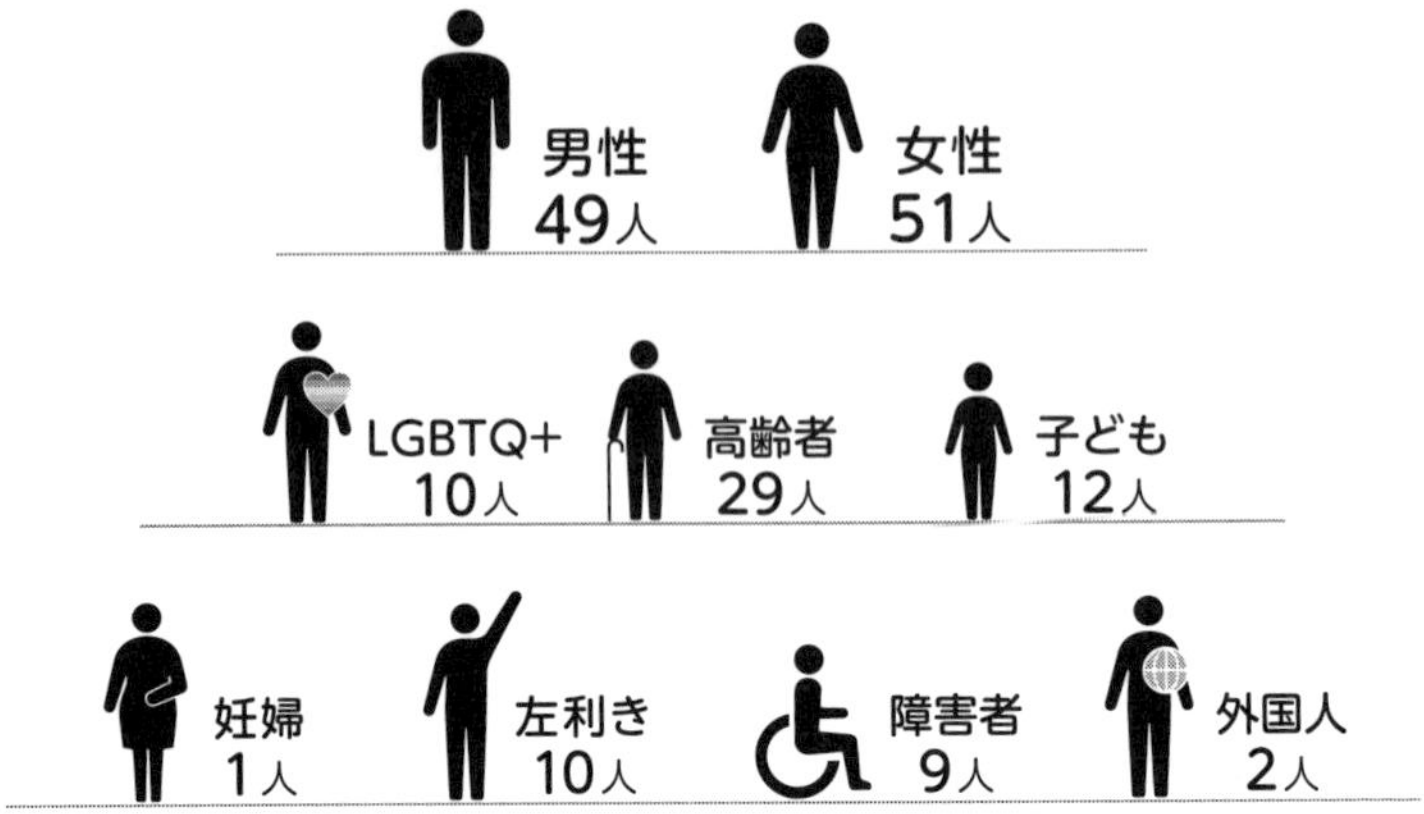

一見すると少ないように感じますが、100人が一堂に会せば、その中には必ず左利き、LGBTQ+、障害者といったマイノリティ（少数者）が存在し、その多くが課題を抱えています。なぜなら、社会に存在する多くのモノや事柄は、多数派に合わせてデザインされてきたからです。

キッチン用品や文房具、スポーツ用品などは、右利きの人が使いやすいように作られていて、左利きの人は使いこなすのに苦労することがあります。学校や公共施設などでの規則のほか、婚姻に関する法律はほとんどの場合、身体の性と性自認が一致した人を前提にしています。

忘れてはならないのは、誰もが常に少数派になりうることです。健康な人でも、ケガをして松葉杖を使うようになれば、階段の上り下りに苦労します。日本で生まれ育った人も、ひとたび母国を出れば、文化や生活様式の違いに不便を感じるかもしれません。たとえ自分が変わらなくても、置かれた環境や社会が変われば、誰もが少数派になりうるのです。

私は生まれつき骨が弱く、車いすに乗って生活しています。左利きであることが障害ではないように、歩けないことも本質的には障害ではありません。段差や階段、狭い場所が移動しづらいだけです。

右利きの人のほうが多いように、歩ける人のほうが多いから、そうしたバリアがあるというだけです。障害は持っているものでも、抱えているものでもありません。障害は人ではなく、社会に存在しています。

◆デジタル障害者手帳「ミライロID」

「ミライロＩＤのダウンロード数が、桁違いに増えています！」

興奮した様子で話していたのは、ミライロのＩＴソリューション事業を率いる井原充貴です。普段はメッセージングアプリでやり取りすることが多いのですが、その日は朝一番に電話をもらいました。

「ミライロＩＤ」は、私たちが２０１９年7月にリリースした障害者手帳をデジタル化するアプリです。着実に普及してきた……と言いたいところですが、ダウンロード数はそれほど伸びていませんでした。

従来の障害者手帳は、障害者にとっても、事業者にとっても、大きな課題がありました。その課題を解消するため、障害者手帳の情報をスマートフォンで管理できるようにしたのがミライロＩＤです。

障害者手帳には、２８３もの異なるフォーマットがあることをご存じでしょうか。障害者手帳を発行するのは自治体で、様式は各自治体の裁量に任されています。そのうえ、身体、精神、知的の三つの障害ごとに発行される手帳が異なるため、３００近いフォーマットの障害者手帳が日本には存在しているのです。

何が問題なのかというと、一つは、サービスを提供する事業者にとって、その手帳が本物なのか、所持しているのは本人か、といった確認作業が非常に難しいことです。

駅の窓口であれ、レジャー施設の受付であれ、３００近くあるフォーマットを全部把握して、瞬時に正しく判断することなど誰にもできません。その結果、残念なことですが不正利用が発生し、時に大きく報道されるケースもありました。

こうなると不利益を被るのは、正規の料金を受領できなかった事業者だけにとどまりません。確認が厳格化されることで、直接窓口に行かなければいけなかったり、窓口での確認と手続きに時間がかかったり、障害者やその家族の負担も増えています。

もともと障害者手帳を提示して割引や何かのサービスを受けるとき、「すみません」と口にしがちです。手間をかけて悪いなといった気持ちが働くことが大きいように思います。

それぞれの障害者が抱く何らかの引け目に、不正利用などのニュースが加わってしまうと、手帳を出すのが億劫《おっくう》になり、せっかく提供されているサービスを利用できなくなってしまう可能性があります。だから、障害者手帳に膨大な数のフォーマットが存在すること、その結果、窓口などでの確認に時間がかかったり、不正利用が起こったりすることは、障害者自身にとってもとても大きな問題です。

実は私も、障害者手帳を提示することは、これまでありませんでした。障害者手帳を使わない理由はいくつかありますが、「すみません」という言葉から生じる感情と引け目にさいなまれたくないのもその一つです。もっと気軽に、スマートに障害者手帳を提示できたらいいのに……。

そんなシンプルな思いからデジタル障害者手帳、ミライロＩＤは生まれました。企画から要件定義、設計、実装と、アプリ開発の各ステップで悩みながら、より良い答えを探していきました。

無事にリリースできたのは、事前調査に協力していただいた障害のある方々、デジタル化を実現すべく力を貸してくださった政治や行政に携わる方々、そして私のアイデアを形にしてくれた社員のおかげです。感謝してもしきれません。

しかし、本当の困難は、その後に待っていました。社員が奔走して、障害者向けの割引制度がある事業者へ働きかけても、なかなか導入に至らないのです。ミライＩＤを導入するコストは事業者もユーザーと同様に無料であり、最初に簡単な情報を入力するだけで負担はほとんどありません。

説明に伺うと、あまたの事業者や自治体が「いいですね」と前向きな反応を示してくれるものの、いざ採用するとなると、乗り越えなければならない壁がいくつもありました。

言うまでもなく、アプリを使える場所が増えなければユーザーは増えません。突破口がどこにあるのか、私たちは早い段階で理解しました。鉄道会社です。数ある障害者割引制度の中で、最も利用されているのが公共交通機関であることは、私たちが国内の障害者を対象に行ったアンケート調査でも明らかになっていました。

このうちタクシー会社は、リリース直後から順調に導入が進み、実際に利用するユーザーも増えていきました。それに対し、鉄道会社は一部を除くと、重い扉がなかなか開かずにいたのです。

都市部では鉄道会社間の相互乗り入れが進んでいます。一度乗ってしまえば乗り換えなしで都府県をまたいで移動ができます。電車の乗り降りやホーム移動の負担がなくなる利便性は、私も利用者として実感しています。

ミライロＩＤの導入にあたっては、この相互乗り入れが一つのネックになっていました。乗り入れする鉄道会社間で導入の有無が分かれると、優遇分の運賃をどこがどれだけ負担するかといった複雑な問題が生じるからです。

各地の鉄道会社が導入しない限り、ミライロＩＤは普及しない。障害者やその家族の外出促進につながらない。リリースしてしばらくは、事業者もユーザーも増えず、低空飛行を続けました。

◆潮目を変えた内閣官房の文書

社員のみんなと何度も話し合いましたが、最後はいつも同じ結論になります。鉄道網が複雑に絡み合っている以上、そこに連なるすべての鉄道会社にミライロＩＤを導入してもらう。とてつもなく高い山に思えましたが、それが唯一の答えでした。

では、いったいどうすれば山は動くのか。一社ごとへの働きかけは続けるとして、それとは別の方向から新たな流れをつくる必要がありました。政府や自治体が障害者手帳の電子化について、事業者へ周知してくれれば潮目は変わると考え、各所へのアプローチを始めました。

実はミライロＩＤの構想段階、もっと言えば会社設立からほどなくして、行政機関への働きかけは継続的に行っていました。当時、私は20歳そこそこです。でも、多様性を尊重する社会の実現に向け、奔走している政治家や自治体職員は、私が知っているだけでも数えきれないほどいます。

情熱を持って大義を伝えれば、たいていの場合は耳を傾けてもらえて、障害者が直面している課題についてもっと聞きたいとおっしゃっていただくこともありました。

副社長の民野剛郎と私は、大学生のとき、いくつかのビジネスコンテストで優勝し、その賞金を元手にミライロを立ち上げました。障害を価値に変える「バリアバリュー」という理念や、当事者である私が代表を務めていることが注目され、マスメディアで紹介してもらう機会も少しずつ増えていきました。

ミライロＩＤを構想したとき、この新しい仕組みを実現させるため、政府が開く会議や委員会に呼ばれれば、積極的に参加しました。障害者手帳がデジタル化されて使いやすくなり、障害者の外出機会が増えれば、企業や自治体、社会との接点が増える。そうなればミライロが目指す、誰もが暮らしやすい未来に一歩近づく。私たちは必死でした。

いま振り返ってみると、学生ベンチャーとして経験も実績もないままでスタートしたミライロの最大の強みは、社会を変えたいという強い意志やその熱量だったと思います。それ以外には何もなかったと言ったほうが正しいかもしれません。

私たちの想いが多くの人に伝わり、少しずつ応援してくださる方が増え、「そんなことできるわけがない」と言われた事業やアイデアもなんとか形にしてきました。ミライロIDでも、その成果が次第に形になって現れます。

2020年6月、内閣官房情報通信技術総合戦略室から、厚生労働省、国土交通省、経済産業省などの各担当課宛に一通の文書が発出されました。タイトルは、「障害者の本人確認等の簡素化の要請等について」。交通機関や各種施設において障害者割引を適用する際、従来の障害者手帳に加えてスマートフォンなどでの確認を推進するよう、事業者に協力を依頼するものです。

ここに至るまで、何度も内閣官房をはじめとする関係者のところへ足を運び、デジタル障害者手帳のメリットを伝えました。懸念の声があがれば、入念に調査を行い、資料をまとめ、各所に理解してもらえるよう努めました。

内閣官房による要請からおよそ9カ月後の2021年3月、ついにJRを含む鉄道会社123社でミライロIDが使えるようになります。

このリリースに向けて私たちは、総力を挙げて準備をしました。アプリのダウンロードが急増するのは明らかであったため、サーバーが落ちないように対策を行い、ユーザーからの問い合わせには迅速に応えられる体制も整えました。

結論から言えば、私たちの読みは甘すぎました。公式サイトには通常の20倍ほどの問い合わせが寄せられ、アプリのダウンロード数はぐんぐんと伸び続けます。リリースから1年半、じわりじわりと増えてきたユーザーが爆発的に増えた瞬間でした。

障害者手帳をデジタル化してアプリで使えるようにするための基本設計は、私自身の手で行いました。当時はまだ開発担当の社員がいなかったので、週末になると、カフェに何時間もこもって自らプロトタイプを制作しました。

そのプロトタイプをもとに外部のエンジニアとともに開発を進めたのも、リリース後にユーザーの声を聞きながらアプリの改良を重ねたのも、関係機関や企業との折衝の最前線を担ったのも、井原をはじめとする社員たちです。私はきっかけをつくったにすぎません。

この日、一日のダウンロード数は、前月の10倍に達しました。いかに多くの障害者が、鉄道で使えるデジタル障害者手帳を待っていたかがわかります。決して紙の障害者手帳を否定しているわけではありません。大切なのは、デジタルというもう一つの選択肢が用意されたことです。結果、外食や買い物、レジャーを楽しむ障害者が増えれば、その経済効果は企業にとっても、社会全体にとっても大きくなります。

そもそも障害者対応はコストではなく投資です。ＳＤＧｓの達成に向けた取り組みも、環境、社会、ガバナンスの３つの要素を考慮して企業を評価するＥＳＧへの対応も、会社を強くして事業の継続性を高めるために行うことです。

「やっている」風の取り組みはすぐに見抜かれるし、何よりも社員が白けてしまいます。それでは持続的な成長は望めず、多様性への配慮がより求められる社会で、これまでと同様に事業を行っていくことが難しくなるはずです。

２０２４年４月には、改正障害者差別解消法（障害を理由とする差別の解消の推進に関する法律の一部を改正する法律）が施行され、民間事業者による障害者への合理的配慮の提供が法律で義務づけられました。また新たなコストがかさむと心配する方もいるかもしれません。しかし、障害者と向き合うことは、さまざまな価値を生むための戦略の一つになります。第1章ではその理由と、障害者市場が持つポテンシャルについてお伝えします。

バリアバリューの経営　目次

プロローグ……1
◆障害は人ではなく、社会にある　1
◆デジタル障害者手帳「ミライロ－D」　3
◆潮目を変えた内閣官房の文書　7

第1章
ビジネス視点での障害者差別解消法……19
法的義務に変わった障害者対応　20
本当は難しくない「合理的配慮」　23
先進国で高まる法的リスク　25

障害者対応に企業の大小は関係ない 27
日本が世界へ示した点字ブロック 29
ハードもハートも先端を行く大阪 31
障害者&高齢者マーケットが秘める可能性 33
世界では18・5億人、13兆ドルの市場がある 36
95%の企業はまだ取り組んでいない 38
社会的価値と経済的価値を同時に得る 40

第2章 バリアをバリューに変える

第2章 バリアをバリューに変える 43
20歳の春、向こう見ずな起業 44
車いす「だから」トップ営業になれた 46
未来の色、未来の路、ミライロ 48

アイデアはあっても売上が立たない　51
料金10万円、実働3カ月の初仕事　54
初受注の手応えと教訓　57
実体験から問うサービスの価値　61
意義だけでなく顧客のメリットも示す　64
社員が増えて得た覚悟　67
ハードは変えられなくても、ハートは変えられる　70
環境、意識、情報の3つのバリア　73
手探りで始めた教育研修事業　75
ミライロの認知を急速に広めたSNS発信　78
誰かを支える喜びが働きがいを生む　80
2000万円より雇用を生む仕事　83
生死をさまよって下した二つの決断　84
ユニバーサルマナー検定の誕生　87
推しの力で巻き起こったブーム　91
事業に即したユニバーサルマナーの浸透　94

若い世代の変化と先進企業の変化　96

第3章
障害者が今日を楽しみ、明日を期待できる社会……101

情報のバリアを解消する　102
リソース不足を解消したアイデア　104
共感の力で作るバリアフリーマップ　106
お金と仕事をめぐる障害者の現実　108
障害者のニーズと企業をつなぐ　111
困りごとに眠るビジネスチャンス　115
完璧なバリアフリーは必要ない　120
視点、経験、感性をうねりに変える　123
コミュニケーションのバリア　124

「出かけられる」と「出かけたい」の違い 129
障害者手帳が抱えていた課題 132
弟につないだアプリ開発のたすき 139
地道な努力の末に得られた政府の協力 141
デジタル障害者手帳のリリース 143
伝える力は貴重な経営資源 146
マイナポータルとの連携 149
ミライロIDの収益モデル 152
バラバラであることが強みになる 156
未来を拓くための資金調達 159

第4章 バリアフリー先進国日本

163

飛鳥時代から続く障害者との歴史 164
先人が築いた多様性を重んじる日本 167
教室に存在した見えないバリア 170
フォアボール製造機 173
歩けないなら、生きたくない 175
手をつないで出かけた日々 177
両親の反対を押し切って受けた手術 180
登り切った先の景色 183
大学受験を通じて得た達成感 185
弱みを別の視点から捉え直す 188
それぞれの軸とミライロの軸 193
日本のこれからはもっと明るい 197
社会を変える、未来を変える 200

エピローグ………205

◆無関心と過剰の間 205
◆信念とリーダーシップで高まる企業価値 209
◆伝える力が共感と自信を生み出す 212
◆不自由から生まれたイノベーション 215
◆バリアバリューを日本から世界へ 218
◆咲き続けるから、歩き続ける 222

株式会社ミライロでは「障害者」と表記しています。「障がい者」と表記すると、視覚障害のある方が利用するスクリーンリーダー（コンピュータの画面読み上げソフトウェア）では「さわりがいしゃ」と読み上げられてしまう場合があるためです。「障害は人ではなく環境にある」という考えの下、漢字の表記のみにとらわれず、社会における「障害」と向き合っていくことを目指します。

性的マイノリティの中にはさまざまな性自認、性的指向の方がいらっしゃいます。株式会社ミライロでは、性的マイノリティの総称として「ＬＧＢＴＱ＋」と表記していますＬ（過去公開分のブログなどでは、ＬＧＢＴと表記していた場合があります）。

第1章

ビジネス視点での障害者差別解消法

法的義務に変わった障害者対応

突然ですが、次のシチュエーションのどこに問題があるでしょうか。

ランチのピークを過ぎた飲食店に、車いすを使用する女性が訪れた。

「一人ですが、入れますか」

空席が目立つ店内を見渡しながら、彼女は言った。

対して、店員は「申し訳ありませんが、当店は狭いので、車いすのお客様はご遠慮いただいています」と答えた。

確かにそれほど大きな店ではないが、通路は広く、テーブルの間隔も十分に保たれている。

「テーブルの椅子を動かせば、問題なく利用できるのに」

そう思いながら、女性は残念そうに店を後にした。

障害者差別解消法の範囲

	不当な差別的取り扱い	合理的配慮の提供
国の行政機関 地方公共団体	×禁止	義務
民間事業者	×禁止	義務 （2024年4月～）

このような対応はこの10年くらいでずいぶんと減ってきました。でも、残念ながらゼロではありません。悪意があるというより、単に知識や経験が不足している人や企業が多いように感じます。

２０２４年４月以降、前述の例は法律に違反する可能性があります。「障害者差別解消法」の改正により、障害者に対する合理的配慮の提供が民間事業者にも義務づけられたためです。

障害者差別解消法は、「すべての国民が、障害の有無にかかわらず、相互に人格と個性を尊重し合う共生社会の実現に向け、障害を理由とする差別の解消を推進する」ことを目的として２０１３年６月に制定されました。

その中で、①差別的取り扱いの禁止と、②合理的配慮の不提供の禁止が掲げられています。ただし、民間事業者については①が法的義務であるのに対し、②は努力義務にとどまっていました。それが２０２１年５月の改正により、差別的取り扱いと同様に合理的配慮の不提供も法律で禁止され、2024年4月に施行されることになったのです。

障害者から何らかの配慮を求められた場合、事業者は過重な負担がない範囲で、社会的障壁を取り除くことが求められています。それでは、前述のケースでどうでしょうか。

車いすユーザーの女性が入店したとき、十分に空席はあったので、たとえば四人がけのテーブルを一人で使ってもらっても、問題はなかったと思われます。スペースに余裕があり、車いすによって他の客や店員の動きが制限されることもなさそうです。

つまり、障害者から席を用意するという配慮を求められた店は、過重な負担なしにそれに応えることができたと考えられます。たとえ店側に悪意がなかったとしても、最悪の場合は店が法的責任を問われる可能性も否定できません。

問題は「過重な負担」の範囲です。これは少し複雑で、以下の要素などを考慮して、具体的な場面や状況に応じ、総合的かつ客観的に判断するとされています。

- 事務や事業への影響の程度(事務・事業の目的・内容・機能を損なうか否か)
- 実現可能性の程度(物理的・技術的制約、人的・体制上の制約)
- 費用・負担の程度

●事務・事業規模
●財政・財務状況

本当は難しくない「合理的配慮」

法改正を機に多くの企業から、新たな投資が必要になるのではとか、トラブルが増えるのではといった相談が、私たちのもとへ寄せられるようになりました。そんなとき、私は「できる・できない」のどちらかで考えるのではなく、建設的に対話することの大切さを伝えています。

相手の話を聞き、こちらの事情も伝え、対応可能な範囲で配慮を提供するのは、それほど難しいことではありません。たとえ相手の要望に100％応えられない場合でも、「できません」と言って対話を打ち切るのではなく、代替案を提示することはできるはずです。

たとえば、豪華な夕食バイキングが売りのホテルに、パニック障害のあるお子さんとその家族が泊まったとしましょう。夕食を楽しみにしていたが、思いのほか宿泊客が多かったことから次第にお子さんが落ち着きを失い、このままだと食事中にパニックを起こしかねない。そう考えた親御さんは、部屋食を用意してもらえないかとホテルに頼みました。

しかし、ホテルの厨房はバイキング食を提供するのに手一杯で、特別な食事を用意する余裕はありません。そこでホテル側は事情を説明したうえで、普段は認めていないバイキング食の部屋への持ち込みを提案することにします。

親御さんはバイキング会場からスマートフォンで料理の動画を送り、お子さんが食べたい料理を皿にとって、ホテルが用意したワゴンで部屋に運ぶ。何度か往復して、最後にデザートで締めくくる頃には、お子さんの気持ちもだいぶ落ち着いて、楽しい旅行にすることができた──こんなケースがあれば、それはまさしく建設的な対話といえます。

このケースでは、ホテル側はワゴンを提供しただけで、人員も追加の費用もかかっていません。こうした合理的配慮ならば、組織全体で大がかりに取り組むことが難しい場合でも、現場の判断で臨機応変に対応できるはずです。

だから、必要以上に不安を感じ、身構えないでほしい。それが、改正障害者差別解消法の施行に際し、私が切に願うことです。

先進国で高まる法的リスク

過度に不安を感じる必要はないとお伝えしましたが、正しく備える必要はあります。そのためには、障害者への不適切な対応がどのような事態を招くのかを知るべきでしょう。そこでまず、二つの事例を紹介します。

●2019年、世界的なアーティストであるビヨンセさんが所有するマネジメント会社、パークウッド・エンターテインメントが、視覚障害者のファンから提訴された。公式サイト「beyonce.com」の多くのコンテンツが画像で構成され、画像の情報を説明する代替テキストも設定されていなかった。読み上げ機能を使っても、必要な情報にアクセスできないことが争点となった。人権問題への関心が高いことでも知られるアーティストだけに、この出来事は世界中で驚きをもって迎えられた。

●2011年、カリフォルニア州バークレーに本拠を置く非営利の法律事務所DRA（Disability Rights Advocates）は、カリフォルニア州にある二カ所の映画館を提訴した。聴覚障害者のための情報保障手段が不十分だというのがその理由で、座席に小さな画面を付けて字幕を表示するシステムを導入するように求めた。

注目すべきは、どちらのケースも社会的な批判にさらされただけでなく、法律に違反しているということで訴えられている点です。その根拠となるのが、世界初の障害者差別禁止法として1990年にアメリカで成立したADA（障害を持つアメリカ人法）です。この法律によって、アメリカ、そして世界の障害者対応を取り巻く状況は大きく転換しました。

ほとんどの先進国において、「beyonce.com」で見受けられたウェブアクセシビリティの課題は、企業にとって深刻なリスクとなります。しかし日本では、まだあまり認知されていません。

また、映画館における聴覚補助システムは、アプリの導入によって広がりましたが、視覚障害者向けの対応は進んでいません。上映するすべての映画に音声ガイドをつけているのは、国内では私の知る限り、東京都北区にあるシネマ・チュプキ・タバタ、ただ一カ所です。

日本でこうした取り組みが進んでいない要因は、前述したように民間企業において、合理的配慮の提供が努力義務にとどまっていたためでしょう。法に触れない以上、優先順位がどうしても低くなってしまうのは仕方のないことかもしれません。

他に要因として考えられるのが、アメリカと日本では訴訟の脅威がまるで違うことです。アメリカの弁護士数は132万人で、弁護士一人当たりの国民数は251人。日本の弁護士一人当たりの国民数はおよそ2850人なので、単純計算すると、日本では一人の弁護士がアメリカの11倍近い事案を担当することになってしまいます。

もちろん、そんなことは実際には不可能で、訴訟件数そのものがアメリカに比べて圧倒的に少ないために、問題が顕在化しづらい状況にあると思われます。

障害者対応に企業の大小は関係ない

状況は確実に変わりつつあります。まず、アメリカにおけるADA関連の訴訟件数は、2013年からの8年間で3・2倍に急増しました。

ここで思い出していただきたいのが、2000年以降、企業経営に関するさまざまな制度やルールがアメリカで生まれ、次いで日本でもビジネスに大きな影響を与えてきたことです。コーポレートガバナンスや情報開示をめぐって次々と誕生するルールに頭を悩ませ、対応に追われた経験を持つ方も少なくないはずです。

未上場の中小企業だから関係ない、とも言っていられません。大企業は近年、取引先の人権侵害リスクに神経を尖らせています。また、中小・零細企業の製品もＥＣサイトを介して国境を越えて販売されています。アクセシビリティの問題がてんこ盛りのサイトを、今この瞬間に世界のどこで誰が見ているかがわからないのです。

つまり、未上場であっても、国内のみで事業を展開していても、障害者への差別解消をめぐる世界的な潮流と無縁ではいられないことになります。ここに改正障害者差別解消法の施行が加わり、一気に法的リスクが高まったことは想像に難くありません。

すでにその兆しは日本国内でも現れています。２０２１年には大手スポーツジムが、会員であった車いすユーザーの入店を拒否したうえ、本人の同意なしに除名したとして、裁判で慰謝料の支払いを命じられました。

同じく２０２１年、聴覚障害者のアトラクション利用を拒否したアミューズメントパークは、公式に謝罪する事態に追い込まれています。

障害者対応を社会貢献の一つとして捉える時代に終止符が打たれました。「誰一人取り残さない」というフレーズがすっかり浸透し、ＳＤＧｓへの取り組みが官民挙げて強化される中、人権問題に対応できない企業は苦しい立場に追い込まれる可能性があります。サプライチェーン上の労働環境や環境被害に目を光らせる投資家や消費者が、目の前で行われている障害者差別を見逃すとは考えられません。

企業はこれから、法令を遵守するだけではなく、明確にルール化されていないものについても、できる限り社会の要請に応えなければ、持続的な成長を遂げるのは難しいでしょう。

日本が世界へ示した点字ブロック

東京オリンピック・パラリンピックや2025年に開催が予定される大阪・関西万博を契機として、DE&I（ダイバーシティ・エクイティ&インクルージョン）の実現に向けた気運が高まっています。そんな中、国際的なイベントがあるからDE&Iを推進するという考えに、違和感を覚える方もいるでしょう。

もちろん、何もなくとも、誰もが安心して快適に暮らせる社会に近づけばそれに越したことはありません。ですが、オリンピック・パラリンピックや万博といった大規模イベントが、公共施設や交通機関、そして人々の意識の変革に大きく貢献することを、これまでの歴史が証明しています。

2021年夏に開催された東京オリンピック・パラリンピックでは、コロナ禍で海外から渡航してくる人の受け入れに制限はあったものの、世界中から大勢のアスリートや報道関係者が来日し、日本のバリアフリー化の進歩を目にしました。

また、世界最高水準のパラアスリートの姿に世界中の人が心を震わせました。彼らが発する猛烈なエネルギーや驚異的なパフォーマンスに圧倒され、障害者に対するイメージが変わった人も多いはずです。

実際に、東京オリンピック・パラリンピックの前後で、DE&Iに対する意識が大きく変化したという調査結果もあります。大阪・関西万博でさらにまた一歩、前進することは間違いないでしょう。

実は日本には、世界に先駆けてバリアフリーを実現し、発信してきた歴史があります。1970年に大阪万博が開かれた際、日本のあるバリアフリー設備が世界の注目を集めました。それは視覚障害者の歩行を助ける点字ブロックです。岡山県出身の発明家、三宅精一さんが発明し、1970年には旧国鉄阪和線の我孫子町《あびこちょう》駅に鉄道の駅としては初めて設置され、全国へ広がっていきました。

海外から訪れた人たちは、きっと驚いたはずです。視覚障害者が一人で安全に移動できること、突起物を並べて危険地帯と安全地帯を分ける発想。そのどちらも、当時の世界では他に類を見ないものでした。

現在では、150カ国を超える世界中の国で点字ブロックが設置され、視覚障害者の社会参加を後押ししています。万博がその一つのきっかけになったことを、私は日本人として誇らしく感じます。

ハードもハートも先端を行く大阪

大阪は世界に冠たるバリアフリー都市です。地下鉄谷町線の喜連瓜破《きれうりわり》駅に、日本の地下鉄で初となるエレベーターが設置されたのは1980年。駅にエレベーターを設置するという発想そのものが一般的ではなかった頃でした。

さらにさかのぼること半世紀、1931年には、明治維新の混乱で消失した大阪城天守閣の再建にあたってエレベーターが設置されています。文化的価値が高い城跡へのエレベーター設置の是非については、現在でも意見の分かれるところです。しかも、今ほどバリアフリーに対する理解が進んでいない90年前の判断であることを考えれば、実に思い切った施策といえるでしょう。

さまざまなバックボーンを持つ人々を受け入れてきた歴史、個性の強さやユニークさをよしとする気質。多彩な要素が、障害者に対して壁をつくらない、大阪における風土醸成に寄与しているようです。

大阪のダイバーシティは、身近なところにもあふれています。車いすを使用する私が客引きされたのは、これまでの人生で数えるほどです。そのうちの一回が関西屈指のコリアンタウン・鶴橋でのことでした。満面の笑顔で私に近寄ってきた焼肉店のお兄さんが、「1階のテーブル席が空いていますよ！」と声をかけてくれたのです。2階席でもカウンターでもなく、「1階のテーブル席」。

利用者の視点に立った想像力と的確な情報提供に、思わず握手をしてしまうくらい感動しました。誰に言われたのでもなく、車いすユーザーへの「合理的配慮」が見事になされています。そこにあるのは慈悲の心でも社会貢献の精神でもなく、自慢の焼肉を一人でも多くの客に食べてほしいという思い、より率直に言うなら、たくましい商魂でしょう。これこそが、私が多くの方に持っていただきたい視点です。

改めて整理すると、改正障害者差別解消法の下では、合理的配慮を提供しない企業は罰せられる可能性があります。そこまで行かずとも、企業としての評判（レピュテーション）を毀損することは避けられません。これほどＤＥ＆Ｉが言われる中にあって、取り組みが不十分な企業は、好感と信頼を得るのが難しいからです。そうなれば顧客や取引先、投資家、そして、社員が離れていくことも十分に予想されます。

しかし、真に注目すべきは、そうしたマイナスの面ではなくプラスの面、企業として成長するチャンスを自ら放棄してしまうことです。

障害者＆高齢者マーケットが秘める可能性

「～しなければならない」や「～すべき」といった捉え方は、障害者対応の特定の部分に着目しているにすぎません。その裏にあるポジティブな面にこそ、あらゆる企業がこの問題に向き合うべき理由と価値があります。

日本のさまざまな分野で成長の限界が指摘される中、障害者を含む多様な人の周りにはビジネス上のチャンス（機会）が潜在しているからです。

障害者の市場一つをとっても、ニッチマーケットとは呼べません。日本で暮らす障害者はおよそ１１６５万人（２０２２年、統計局ＨＰ）で、総人口の約９％に相当します。も

日本で暮らす多様な人々

高齢者	3,623万人	(人口の約29%)
障害者	1,165万人	(人口の約9%)
3歳未満	253万人	(人口の約2%)

ちろん、考えるべきは障害者だけではありません。高齢者は人口の約29%、3歳未満の子どもは約2%です。

先ほどの焼肉店の例に戻れば、車いす、ベビーカー、白杖を使用する視覚障害者、シルバーカー（手押し車）を使う高齢者などを見かけた店員が、「何だか面倒くさそうだから、やめておこう」と声をかけなければ、4割に近い見込み客を逃してしまうことになります。一消費者の周りにいる友人や家族を含めれば、その割合は優に5割を超えます。

市場の半分を最初から切り捨ててしまう企業と、取り込もうとする企業のどちらが優位か、答えは考えるまでもありません。

高齢者と障害者を一括りにしてよいのか、という疑問もあるでしょう。たしかに、年を重ねたからといって、すべての人の身体が不自由になるわけではありません。

しかし、高齢者と障害者では、必要なサポートや配慮、利用しやすい施設など重なる部分が多くあります。たとえば、

高齢者へ必要な配慮

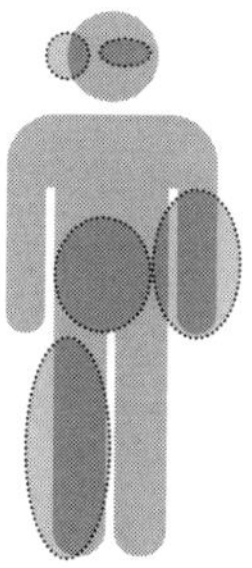
聴力が低下する
視力が低下する
腰や膝が曲がって
歩きにくくなる
握力が低下する
骨が弱くなる
疲れやすくなる

障害者のニーズを統合した状態にある

聴力が低下した高齢者には、口の動きがわかるように正面から、はっきり話すと伝わりやすく、時には筆談が有効な場面もあります。これは聴覚障害者にも共通する対応です。また、転倒防止の手すりや段差解消のスロープは、筋力が低下した高齢者はもちろん、肢体不自由者にも同じように役立ちます。

むしろ高齢者は、不自由さのバリエーションという点で障害者を大きく上回ります。たとえば、私は歩くことはできませんが、見ることや聴くことは十分にできています。

でも、この先、40年、50年と年を重ねれば、視力・聴力・筋力などの身体機能はだんだんと低下して、認知機能も衰えていくでしょう。

このように、さまざまな不自由さを同時に感じているのが高齢者で、高齢者のニーズは障害者のそれを統合した状態にあります。だから、高齢者へ配慮したサービスや商品は障害者への配慮にもつながり、その逆もまたしかりなのです。

世界では18・5億人、13兆ドルの市場がある

高齢者や障害者を対象とするマーケットは拡大の一途をたどっています。何しろ、先が見通せない時代といわれる中にあって、日本における高齢化と人口減少ほど確実な近未来はないからです。

言い換えれば、総人口が減り、高齢化に伴って世帯当たりの消費額も減少する環境下で、これまでと同じことを続けていては先細りを避けられません。そこで、マーケットの変化に合わせ、高齢者を対象とした市場開拓を行う企業が増えています。

たとえば、かつては20代以下の若年層を主な顧客としていたコンビニエンスストアのメインターゲットは、50代以上にシフトしました。それに伴い、シニア向けに品揃えや陳列方法を見直し、食事配達や買い物支援のサービスを拡充する動きが目立ちます。また、結婚や子どもの誕生をきっかけに、死亡保険金が一定の期間手厚くなるタイプに加入するケースが多かった生命保険市場では、長寿を視野に入れた商品が好調なようです。

世界規模のマーケット

18.5億人	13兆ドル
世界で暮らす障害者の全人口	障害者とその家族や友人を合わせた購買力の総額

5%
インクルーシブな製品などを提供している企業の割合

（出所）ROD「The Global Economics of Disability」（2020年）

高齢者市場が注目されているのは、数だけが理由ではありません。消費に対するスタンスそのものが若い世代とは異なり、消費離れが指摘される20代、30代を尻目に、中高年の消費意欲は相変わらず旺盛です。子どもの頃に高度経済成長を体験し、若いときにバブル経済を経験した現在の50代、60代は、経済状況が仮に少々厳しくても、趣味や普段の食事、国内旅行といった、日常の延長線上でささやかな贅沢を楽しもうとする意識が高いとされます。

どんな世代にも経済的に厳しい方はいて、そうした方々に寄り添い、支援しなければならないのは言うまでもありません。しかし、消費支出全体に占める高齢者の消費割合が、高齢化率を上回るペースで伸びているのは紛れもない事実です。

さらに言えば、高齢化は日本に限った事象ではありません。中国やインドも着実に高齢化への道を突き進んでいて、最後の人口爆発の地と呼ばれるアフリカですら、いずれは少子化が進むと予想されています。

それほど先を見通さずとも、現時点で18億5000万人の障害者が世界中で暮らしており、障害者とその家族や友人を合わせた購買力の総額は13兆ドルに達するとされています。控え目に見ても、障害者と高齢者のマーケットは世界規模の可能性を秘めています。

95%の企業はまだ取り組んでいない

マーケットの可能性を認識し、取り組み始めている企業はまだ多くありません。さまざまな人にとって使いやすいインクルーシブな製品やサービスを提供している企業の割合は、世界でもわずか5%程度とされています。裏を返せば、障害者や高齢者、そして将来そうなるかもしれない方々をターゲットとする市場は、競争相手の少ないブルーオーシャンといえます。

この市場の価値を十分に理解している代表的な企業としてアップルが挙げられます。iPhoneにスクリーンリーダーの機能（VoiceOver）があるのをご存じでしょうか。

電子書籍やネットニュース、企業の公式サイトなど、画面に映し出されている文章を音声で読み上げる、視覚障害者に必要な機能です。同様のアプリケーションソフトは他にもありますが、最初からOSに組み込まれている点にアップルの意識の高さを感じます。

このVoiceOverを開発したチームメンバーの一人に、視覚障害者のディーン・ハドソンさんがいます。彼がコンピュータサイエンスを学んだ学生時代には、アップルのVoiceOverも、その他の音声読み上げソフトも、まだ存在しなかったため、画面に表示されるコードを読む介助者が不可欠でした。

それでも、エンジニアになってアップルに入社した彼は、VoiceOverをはじめとするアクセシビリティ機能の開発に携わり、さまざまな障害のある人がデバイスを利用して自立した生活を送る後押しをしています。アップルはアクセシビリティに正面から取り組むことで、優秀な人材と魅力的な市場の両方を獲得したことになります。

VoiceOverの他にも、アップルは補聴器や拡大鏡の代わりになるものなど、実に多くのアクセシビリティ機能をOSに取り入れています。これらは単にマーケティングや販売のためではなく、企業文化に根差したものといえるでしょう。

日本には以前、障害者向けにパソコンや周辺機器の販売、コンサルティングを行うアップルのグループ会社、アップルディスアビリティセンターがありました。設立は1994

年で、それだけでも十分に時代を先取りしているのですが、障害者対応は全社を挙げて取り組むべきという理由で本体に吸収されたことにも驚かされます。

デジタルツールは障害者にとって非常に相性の良いものです。健常者にとって便利なツールやシステムの多くは、健常者以上に障害者をサポートします。実際、アップル以外のマイクロソフトやグーグルなどのテック企業も、アクセシビリティ機能の開発に熱心です。彼らの大口顧客であるアメリカ政府が、アクセシブルなテクノロジーしか購入しないと定めていることも影響しているでしょう。日本でも、いずれは同様の公共調達の要件ができることも考えられます。

このように、テック企業はもちろん、デジタルテクノロジーを何らかの形で取り入れた製品やサービスを提供する企業（つまり、現代におけるほとんどの企業）にとって、アクセシビリティの確保は、生き残りのための必須要件となっています。

社会的価値と経済的価値を同時に得る

日本では一部を除いて、ウェブアクセシビリティへの対応が進んでいません。

スクリーンリーダーがあっても、画像の情報を説明する代替テキストを設定していなければ読み上げることはできず、「赤字の箇所は必ず入力してください」といった色で指示する方法も色覚特性のある人には伝わりづらい場合があります。

残念ながら、よく知られた企業の公式サイトやアプリでも、いまだにこうした基本的な問題が解決されていないケースが散見されます。

隻腕《せきわん》の人も簡単に火をつけられるようにとライターが誕生したのは有名です。また、ドラム式洗濯機は車いすユーザーのために作られたという話を聞いたことがあります。人の違いを考慮し、足りない点を補おうとする気持ちとアイデアが、安全性や利便性の高い製品の開発につながり、世の中を少しずつ良くしてきました。

見せかけでも流行りでもない本当のＤＥ＆Ｉを実現しようとする方々、そして事業を成長させたいと考える企業にとって、法改正は追い風となることはあっても、決して制約にはならないはずです。

あるファッション通販サイトでは、車いすユーザーの困りごとに着目して開発したパンツが、売上点数とＰＶ（ページビュー）数において全商品中で1位となりました。

また、障害者に自社のキャラクターが描かれたシールをつけてもらい、クルーが積極的に声かけをしているテーマパークがあります。列に並んで待つのが難しい人には別の場所で待ち時間を過ごせるように配慮していることもあり、障害者からは「安心して楽しめる」「何度でも行きたい」と好評価を得ています。障害者の多くは家族や周囲の人と複数で来場されるので、一人の顧客を獲得することが収益増加に直結します。

つまり、このファッション通販サイトもテーマパークも、社会的価値と同時に経済的価値をしっかりと生み出していることになります。

日本企業の障害者対応は道半ばですが、ここで紹介したような例は着実に増え続けています。障害者市場の開拓という不可逆的な流れを捉えて、今よりも少し良い未来に向けた追い風とすること。それがミライロの役割であり存在意義だと捉えています。

第2章では、なぜ私がそう考えるようになったのか。ミライロの立ち上げから今日までの歩みをお伝えします。

第2章

バリアをバリューに変える

20歳の春、向こう見ずな起業

民野剛郎と共にミライロの前身のVAN（Value Added Network）を立ち上げたのは、私たちが大学2年生、20歳のときです。同じ学部、同じ学科ではあったものの、特に親しい間柄ではありませんでした。

民野にほれ込んだのは、学食でのある出来事がきっかけです。食事を載せるトレイを持って、食べたいものを取り、レジへ進む。その一連の動きと合わせ、車いすを操作するのは高度な技術が求められます。多少の困難が伴うものの、やってやれないことはなく、できることは可能な限り自分で行うという思いを強く持っていました。

「かわいそうな障害者」として、「サポートしてあげなければならない弱者」として、特別扱いされること。それが当たり前にならないように抗おうと当時の私は必死でした。

でも、トレイを片手にフラつきながら移動する危なっかしい私の姿を見て、周囲の友人はいつもサポートしてくれます。とてもありがたいことではあるものの、私はもどかしさを感じていました。

そんな中、民野は違いました。そそくさと会計を済ませて、食後は「じゃんけんで負けたほうが、食器を重ねて返却口に運ぼう」と投げかけてきたのです。

民野はよく見ていたのだと思います。私にできることとできないこと、サポートが必要なこととそうでないことを。フラットに向き合ってくれることが心地よく、彼にひきつけられました。

しばらくして、民野も起業を志していることを知ります。お父さんとお母さんを早くに亡くしたこと、尊敬する経営者であったお父さんの存在に近づきたいことを打ち明けてくれました。

私は私で自身の障害のことや高校中退に至った経緯、これまでどんな葛藤があり、起業を志すようになったのかなどを民野に伝え、さも当然の流れのように二人で起業することを決めました。

とはいえ、明確な目標や事業プランも全く白紙の状態で、資金のあてがあったわけでもありません。そこで、私たちは起業資金を集めるべく、当時あちこちで行われるようになっていたビジネスプランコンテスト、今で言うところのピッチイベントに参加することにしました。

しばらくの間、エントリーしては書類審査で落とされることの繰り返しでした。今にして思えば、いかにも学生が考えそうな平凡なアイデアばかりで、私が審査員でも直接プレゼンを聞いてみたいとは思いません。体験に基づく発想や、オリジナリティのある視点が決定的に欠けていたのです。

そこで改めて、自分たちにしかない強みは何かを考え、突き詰めて最後に残ったのが、私が車いすに乗っていることでした。車いすユーザーのことなら、誰よりも知っている。ならば、その強みを使わない手はないのではないか、そう考えました。

全く抵抗がなかったわけではありません。障害者だから、車いすだからと、特別扱いされないよう抗い続けてきたのに、障害があることを前面に出すなんて「格好悪くないか？」「それを認められるのか？」。何度も自身に問いかけました。

車いす「だから」トップ営業になれた

私は過去に、障害があること、車いすに乗っていることを強みにして、一つの価値に変えた経験がありました。大学入学後すぐに始めたアルバイトでの話です。

学費や生活費をまかなうため、ウェブ制作会社で仕事をすることにしました。てっきり制作を担当するものと思い込んでいたところ、社長から命じられたのは営業です。

営業なんてできるわけがない。車いすの営業なんて聞いたこともない。営業職を命じられて真っ先に浮かんだ思いでした。それでも、私は「やらせてください」と答えました。他にお金を得る方法がなかったからです。飲食店やコンビニでバイトしようと思っても、車いすに乗っていることがわかると面接さえしてもらえず、私には、もう後がありませんでした。

資料を持って、日に何件も営業先を訪問しました。事前に下調べをして回るものの、実際に行ってみるとスロープやエレベーターがなく、目当ての会社へたどり着けないことも少なくありません。

何よりつらかったのは、私が来たことに対する反応でした。訪問先は小さな会社が多かったので、受付で「こんにちは」と声をかけると、その場にいるみんなが驚いた様子でこちらを見ます。初めの頃はそれが嫌で、資料と名刺だけを置くと、そそくさと逃げるようにその場を去っていました。

それでも、しばらくすると、そのインパクトこそが自身の強みなのかもしれないと思うようになりました。向き合う側にしてみれば忘れようにも忘れられないので、何度も足を運ぶうちに、「またアイツが来た」と思ってもらえます。当時はまだウェブサイトを持たない中小企業も多かったので、需要そのものがないわけではありません。「そんなに熱心に言うなら、垣内のところで作ってみようか」と言ってくれる会社が出てきたのです。

気がつくと私は、そのウェブ制作会社でトップの営業成績を残すようになっていました。

その結果を踏まえ、社長が私に与えてくれた言葉は、今でも私を支えています。

「お客さんに覚えてもらえるのは、営業にとって大きな強みだ。歩けないことに胸を張れ。障害があることに誇りを持て。車いすに乗っていることは、お前の強みなんだ」

涙がとめどなくあふれました。「歩けなくてもできること」だけじゃない、「歩けないからできること」がある。心がスッと軽くなり、視界がグッと広くなったことを強く覚えています。この経験から、バリア（障害）はバリュー（価値）に変えられると気づかせてもらいました。

未来の色、未来の路、ミライロ

ビジネスプランコンテストに出す事業計画作りが煮詰まっていた私たちは、改めて自らの強みを見定めました。現時点で出せる価値。それはやはり、私自身の車いすユーザーとしての視点や経験以外にありません。格好悪くてもいいと腹を括り、民野や仲間と共に、「らくらく大学ナビ」と名づけた事業を考案しました。

これは、大学構内のバリアフリー状況、障害に応じた試験や入学後の配慮などを、ポータルサイト上で自由に見られるようにするというもの。大学受験において、私が大学選びに苦労した経験を踏まえ、オープンキャンパスへ足を運ぶことのできない受験生に、手軽に情報収集してもらいたいと考えた結果でした。

デジタルサービスというと、少し大げさかもしれませんが、後にミライロが手がける「バリアフリーマップ」や「ミライロＩＤ」の原型になるものでした。

龍谷大学が主催するビジネスコンテスト「プレゼン龍」にエントリーした私たちは、初めて書類審査を通過。８チームで争った本戦も勝ち抜き、グランプリを獲得しました。

結果発表で私たちの名前が呼ばれ、民野や仲間たちと抱き合い、泣いて喜びました。私が人生の大半を費やした手術やリハビリは、やはり孤独でした。誰かと何かを成し遂げるといった経験がなかった私にとって、この日のことは、生涯忘れられない幸せな思い出です。

その後も別のコンテストに応募しては入賞を繰り返し、賞金総額は300万円近くに達しました。事業のコンセプトも知られるようになり、「面白い、これならいけるよ」と評価してくれる人が増えました。こうして、会社を立ち上げる準備が整い始めます。

法人設立の登記は、司法書士に依頼せず自らで行いました。わりと何でも自分たちの手でやってしまうこのスタイルは、会社が成長する過程でも貫かれてきたように思います。システム開発、マーケティング、ファイナンスといった、外部に委託したり、専門人材を採用したりする部分も、できるところまでやってみる。意外にできるものだし、何よりも根っこの部分、理念やビジョンなどがしっかり共有できているので、話が早いし、仕上がりにブレが生じないように感じます。

会社設立にあたって、私が社長、民野が副社長を担うことに決まったのは、フラッと立ち寄ったお好み焼き屋でした。「どっちが社長をやるか」という話になり、バリアフリー関連の事業なら、まずは私が前面に立つほうがわかりやすいだろうと、今の形に落ち着きました。

「やってみて、向いていなかったら代わってほしい」と私は民野に伝えました。結局、今日も私が社長を務めていますが、それは適性があったからではなく、民野や周囲の人たちが私を支え、時に厳しく指導してくれたからにほかなりません。

２０１０年６月２日、大阪のアパートの一室からミライロは誕生しました。社名には、「未来の色」を自由に描き、「未来の路《みち》」を自由に歩めるようにという想いが込められています。

アイデアはあっても売上が立たない

意気揚々と起業した私たちを待っていたのは、想像をはるかに超える厳しい現実でした。多くのビジネスコンテストで評価された事業でしたが、いざ事業化して売り込もうとすると全く話が進まなかったのです。

初めに顧客ターゲットとしたのは大学でした。当時、キャンパスのバリアフリー化は今ほど進んでおらず、私が進学先に立命館大学を選んだのも、車いすのまま授業を受けたり、構内を移動したりする際の負担が、他の大学に比べれば少なく感じられたのが理由です。

当時、国内の大学に通っている障害者は、５０００人を下回っており、全体の大学生の数から見れば、〇・一六％という水準でした。教育機関のバリアフリー化が進めば、障害者の進学先の選択肢が増える。そのためにまず、現状を可視化しようと考えました。

学校名と施設管理を担当する部署名、電話番号を記した簡単なリストを作り、民野と上から順に電話をかけました。

簡単に会社の紹介をして、「バリアフリー情報をまとめた地図を作りませんか」と切り出すと、聞き慣れない言葉に戸惑う相手の様子が電話越しに感じられます。すかさず、学内にさまざまなバリアがあること、障害のある学生や入学希望者は、その情報を必要としていることを伝えます。でも、返ってくる反応は、だいたい決まっていました。

「なるほど。そういうことが必要なんですね」

「検討します」

「担当者に伝えておきます」

アルバイトとはいえトップクラスの営業成績を残した私にとって、どれも想定内の反応でした。初回のアプローチで、「それは面白い。ぜひ詳しく話を聞かせてほしい」などと言ってもらえることは、まずありません。時間をいただいたことへの謝意を伝え、資料を送るという名目で担当者の名前を伺い、次に訪問したり電話したりする理由をつくる。一度目の電話ならそれで十分と捉え、とにかく電話をかけ続けました。

日を置いて担当者宛に二度目の電話をかけます。「先日お電話したミライロの垣内です。よろしければ、もう少し詳しく説明させていただけないでしょうか」。でも、相手の反応は最初の電話のときと変わらない。「あぁ、この間の……。はい、考えておきますね」と言って、また電話を切られてしまう。これを何度か繰り返すうちに、これは脈がないなとあきらめる。そんなことが続くと、少しずつ弱気になっていきます。

飛び込み営業で伺う場合も、テーマがテーマだけに、門前払いされるケースは、ほとんどありませんでした。でも、何かと忙しい総務、管理部門の担当者にとって、新しい仕事が増えるのも厭わず、積極的に耳を傾けるだけの動機はありません。

どうしてこのマップの価値がわからないのだろう。普段は立派なことを言っているけど、大学なんてこんなものなのかな。自分たちのアプローチの拙さを棚に上げて、そんな思いが積み重なっていきます。それでも会社を起こした以上、こんなところで引き下がるわけにはいかない。民野と私は、自宅兼事務所のアパートの一室で、朝から夕方までひたすら電話をかけ、リストに横線を引いて敗戦の記録を残し続けました。

「何か間違っているのかな?」。そう民野に聞いてみたかったけれど、口にしたら不安が現実のものになってしまいそうで聞けませんでした。民野も同じ思いを抱いていたと思います。

当然、売上は1円も立ちません。社員を雇っていないので給与の心配はありませんが、家賃の支払いは必要だし、食べていかなければなりません。なけなしの貯金を取り崩しながら、極貧の生活が続きました。

民野がいわゆるテレアポ営業に励んでいる間、私は「車いすの学生起業家」として、講演会の講師を務めることが増えました。私が表に出ることでミライロが少しでも認知され、バリアフリーマップの採用が広がり、なんとかビジネスとして成立させたい。その一心で、呼ばれる限りどこへでも、いえ、呼ばれなくても自ら売り込んで足を運びました。

料金10万円、実働3カ月の初仕事

そんなある日、営業へ向かう移動中に私の携帯が鳴りました。民野からです。慌てて折り返すと、心なしか声が弾んでいます。

「決まった！　滋賀県立大だ！」

その声を聞きながら、私は少し不思議な気持ちでいました。もちろん初受注が決まったのは、民野に負けないくらい嬉しい。これが出先でなく二人一緒のときだったら、ハグまではしなくても、がっちり握手くらいは交わしていたはずです。その一方で、「なんで滋賀県立大学が？」という疑問が残りました。

滋賀県立大学は、最初の電話で運よく施設管理を担当する責任者の方と話をすることができたものの、感触は芳しくありませんでした。

こちらが熱心に説明すると、責任者の田中さんはさえぎることなく聞いてくれます。でも、「はい」とか「ええ」とか、気が乗らなそうな相づちを繰り返すだけで、最後にこちらから「何かわかりづらい点はないでしょうか」と尋ねても、「特にありません」と素っ気ない。これは脈がないと、早々にあきらめた記憶がありました。

民野の話によれば、その田中さんが「ぜひミライロにお願いしたい」と、わざわざ電話をかけてきてくれたのです。

ここからは推測でしかありませんが、私が営業に伺った後、ミライロやバリアフリーマップに興味を持ち、自ら何がしかのリサーチをしてくださったのかもしれません。あるいは、ビジネスコンテストを通じて知り合った大学関係者が、口添えをしてくれた可能性もあります。

正確には、滋賀県立大学が依頼してくれたのはバリアフリーマップの一つ前段階の、現状調査とそれに基づくコンサルティングの仕事でした。しかし、マップに落とし込むかどうかの違いはあっても、そこまでにやるべきことは変わりません。何としてでも田中さんに、「ミライロに頼んで良かった」と思ってもらいたい。そこから私たちの狂気の日々が始まりました。

なにしろアイデアやモックアップ（試作）はあったものの、実際にバリアフリー調査を行うのはこれが初めてです。基本的な工数、つまり、完了までにかかる時間と人数さえも把握できていませんでした。これが後に痛恨のミスにつながるのですが、この段階では、知るよしもありません。

無知というのは本当に恐ろしく、その半面とてつもなく強いものだと思います。知らないから荒波だろうと台風だろうと思い切りよく飛び込んで、当然のように痛い目を見る。それがわかっているから、賢い人はむやみに飛び込んだりしない。

でも、波に呑まれたり、風に飛ばされたりしているうちに、たいていの場合はどこかにたどり着くものです。思った場所と違ったとしても、元いた場所とは違う新しいところであることには変わりません。何の後ろ盾もないミライロには、そんな捨て身の戦法しかなかったし、それが私たちの強みでもありました。

滋賀県立大学に対しても、私たちは無知ゆえの思い切りの良さで、「10万円」という破格の料金を提示しました。民野と私が3カ月、寝る間も惜しみ、足繁く通って現地調査を行い、改善策を考えて全66ページに及ぶレポートをまとめました。営業など、他の仕事も多少はあったものの、私たちは命を削る思いで滋賀県立大学の仕事に没頭しました。

初受注の手応えと教訓

大阪から滋賀県彦根市まで足を運び、広いキャンパスの隅々を見て回りました。建物の段差の有無やその段数、坂道の勾配、バリアフリートイレの場所や数など、一つひとつを確認し、写真を撮って記録しました。

後に考えを改めるのですが、その時点では定量的な情報が何よりも大事だと思っていたのです。段差ならば高低差は何センチで、踏面《ふみづら》と呼ばれる足を乗せる上面の奥行きは何センチという具合に、とにかく測って測って測りまくりました。そうしてデータが一通り揃ったところで、いよいよレポート作成です。

バリアフリー調査の目的は、単に事実を明らかにすることではなく、事業者が現状を把握したうえで、バリアフリー化を進める足がかりとすることです。抽出した課題について、この段差は他に迂回するルートがないからスロープを設けるといったように、優先順位をつけて改善策を提案していきます。

そうは言っても、当時の私たちには、コンサルティングの経験がありませんでした。だから、これも手探りで、今になってみると、文章や見せ方などは大学生のレポートとさほど変わらないレベルで恥ずかしくなります。

それでも、調査や提案の内容には自信がありました。どこも手がけていないサービスを自分たちが提供している。その手応えだけを頼りに、豆乳と野菜ジュースでタンパク質とビタミンを補給しながら、私たちは3カ月間を走り切りました。あまりにもお金がなくて、野菜、ましてや肉など買えなかったのです。

レポートで指摘した改善項目は、147カ所に及びました。それぞれに写真も載せて、問題点と改善方法を文章で説明する。どう考えても10万円で受ける仕事でないのは、着手してすぐに薄々気がついていました。でも、誰かが私たちのサービスを必要として、その対価に報酬を支払ってくれる。それがただ嬉しくて、採算度外視で最良の仕事にしようと努めました。

ようやく完成したレポートを納品した日のことは、今でも忘れられません。それまで一貫してクールな印象だった担当者の田中さんが、大いに喜んでくれました。障害のある学生や、入学を希望する障害者のために何かをしたい気持ちはあったが、何をすれば役立つのか、どこから手をつければよいかがわからなかった。でも、これで一歩前に進める。そう言って、田中さんは私たちの労をねぎらってくれました。無知ゆえの蛮勇が、それまでとは違う景色が見える新しい場所へ私たちを連れていってくれたのです。

これはビジネスの世界で、私たちが初めてつかんだ成功体験でした。ビジネスコンテストでいくら賞をもらっても、アイデアはアイデア。どれだけ世の中にとって良いことでも、お金を出して買ってくれる相手がいなければ何も変えられません。社会的な意義が大きければ大きいほど、ビジネスとしてしっかり利益を出し、継続していく必要があります。だからこそ私たちは、営利を追求する株式会社を法人形態として選びました。

しかし、現実は大赤字であることに変わりなく、この第一号案件を終えると早々に、コンサルティングとマップ制作の料金を改めることにしました。

滋賀県立大学での経験で工数はだいたい把握できたし、その結果、顧客へどのような価値を提供できるのかも、これまでよりは見通せるようになりました。原価を積み重ねたコストベースではなく、相手が受け取る価値に基づくバリューベースの価格設定こそが、唯一無二のサービス提供を目指すミライロにはふさわしいと判断しました。

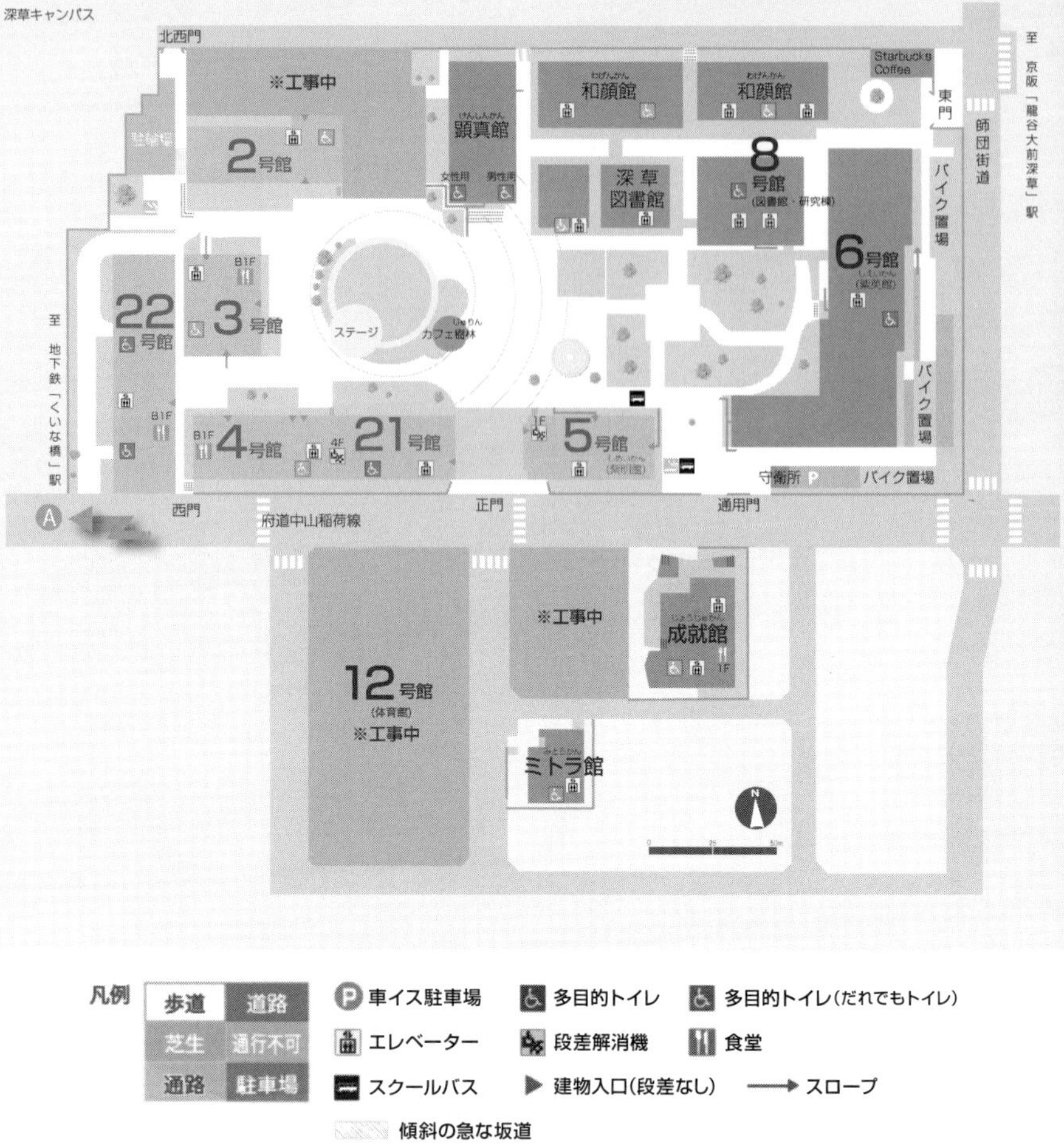

龍谷大学深草キャンパスのバリアフリーマップ
(提供:龍谷大学)

自信をつけた私たちは、以前にも増して営業に励むようになります。その成果に加えて、他大学での実績が少しずつ認知されるようになり、龍谷大学、大阪大学、神戸大学、関西大学と次々に受注し、やがて関東へも進出することになります。しかし、その過程で私たちは、また新たな難題に直面しました。

実体験から問うサービスの価値

営業の範囲を地方の大学まで広げ、多数の大学と接点をいただくようになってわかったのは、バリアフリーマップを作れるようなところは、まだ少数にすぎないということでした。

当初、顧客になってくれたのは、もともとバリアフリー化がある程度進んでいるなど、障害者の受け入れに対し、意識が高い大学がほとんどでした。ところが、ターゲットを広げるにつれて、そこまでの水準に達していないケースが増えていきました。

マップを作ろうとしても、バリアだらけで迂回ルートがない。そうなると、たとえば、車いすユーザーが単独では移動できない場所や建物が出てきてしまう。これでは、バリアフリーマップの目的である「障害者の選択肢を増やす」ことにはつながりません。実際、そうしたところに営業をかけても、「ウチはまだまだですから」と断られました。

誰もそのままで良いと考えているわけではないものの、山ほど改善点を指摘されても、予算がなければ具体的な施策に反映させることができません。こうした厳しい現実を前に、私たちに何ができるのだろうか。そう自問する日々が続きました。

ある日、何気なくつけたテレビを見て、ある記憶が鮮明に甦ってきました。画面には大学入試に挑む受験生たちが映し出されていました。「自分にもあんなときがあったな」。そう思った瞬間、どこにもぶつけられずにいた苦い気持ちが昨日のことのように思い出されたのです。

私は立命館大学に入る前、2校の大学を受験して合格しています。義肢装具士を養成する医療福祉系の大学と、情報通信技術を学ぶ理工系の大学でした。

義肢装具士になって、車いすや義手、義足を作る会社を起こしたいというのは、10代の私が描いた夢でした。ものづくりに興味があったのも理由の一つですが、障害があるからこそわかる真のニーズを反映させれば、多くの人に役立つものが作れるのではないかと考えたからです。

それは「歩けるようになること」をあきらめた私が新たに抱いた夢でした。受験勉強の末、大学に合格したときは、これで新しい人生が始まるような気がしてワクワクしました。

ところが、よくよく調べてみると医療福祉系の大学では、工具などを扱う教室のバリアフリー化は手付かずであることがわかりました。これでは授業を受けるのも、実際にものづくりをするのも、ましてやプロになることなんて難しいに違いない。

そう考えた私は入学を辞退し、次の目標として情報通信技術を学ぶことにフォーカスを絞りました。実際のものづくりは難しくても、デジタル技術を使った設計や開発であればできるのではと考えたのです。

ところが、こちらも調べてみると、一人で講義を受けるには、十分に環境が整っていませんでした。そのおかげで立命館大学に進み、民野と出会い、ミライロを創業できたのだから、今となっては良い選択だったと思います。

とはいえ、障害があるからという理由で選択肢が限られたことは残念でしたし、受験前に必要な情報が得られていたら遠回りをせずに済んだかもしれません。もちろん、下調べをちゃんとしなかった私に責任があります。その一方で、大学側が情報開示さえしてくれていたら、という気持ちも拭い切れずにいました。受験生の姿をテレビで見て、そのときの感情を改めて思い出したのです。

意義だけでなく顧客のメリットも示す

バリアフリー化が進んでいれば、それに越したことはない。仮に、バリアフリーでなくとも、現状をわかりやすく開示するだけで、私のようなミスマッチは減らせる。このこと自体は、バリアフリーマップの企画段階で挙げた目的の一つでした。でも、マップ制作や改善提案に追われているうちに、その意義を忘れかけていたのかもしれません。そこから、以前とは別のアプローチでの営業が始まりました。

大学の施設管理課や障害者対応の担当者に電話をかけて、「バリアフリーに関する問い合わせの電話やメールが多くて、お困りではないですか?」と聞くようにしたのです。すると、たいていの場合、「実はそうなんですよ」という答えが返ってきます。やり取りを重ねるうちに、施設内のバリアフリー情報がほとんど把握されておらず、それが担当者の大きな負担になっていることがわかりました。

特定のルートや施設について、段差の有無やその高さを聞かれる。そのたびに現場を調査して回答しても、翌日には別の場所について、また同じような質問が寄せられる。それでも、調査結果を整理してデータ化されていればまだましで、回答して終わり、次に同じ場所について聞かれても、「そういえば前に調べたけれど、どうだったっけ？」などということも少なくありません。

仮にデータが蓄積されていても、たとえば、段差や勾配における移動のしづらさは感じ方次第といったように、基準が曖昧なケースもあります。これでは何度聞かれて回答しても、穴の開いたバケツに水を入れるようなもので、積み重ねになりません。現場の負担は増すばかりです。

そこで、「弊社でしたら、計測に基づく定量調査ができます。バリアフリーの基準となる数値はもちろん、実際の利用を想定した調査を行い、その結果を後から利用しやすい形でまとめます」と提案しました。こうすれば、大学の担当者にとっても、頭を悩ませている対応コストが下がる効果を、より直感的に理解してもらえます。

この営業アプローチは、予想以上にうまくいきました。現場の担当者にとっては、日頃から負担に感じている作業が減って楽になるうえに、すぐに実現可能なバリアフリー化のアドバイスが受けられます。

こうやって私たちのサービスの価値を、目の前の顧客にきちんと伝えて納得してもらえば、結果はついてくる。そのことを、このときに初めて身をもって学んだような気がします。

それ以降、営業では常に相手の立場や視点に立つことを心がけるようになりました。「何を当たり前のことを」と思われるかもしれませんが、当時の私たちはその当たり前のことがわかっていなかったのです。

社会的に意義のあるサービスを、適正な価格で提供すれば受け入れられるはずだと、どこかで考えていたのかもしれません。障害者対応やバリアフリーの領域では、ともすると人権主張が前面に出てしまいがちです。障害者の人権を守るため、さまざまなバリアを取り除かなければならないという主張に、真っ向から異を唱える企業やビジネスパーソンはまずいません。

しかし、その正論をそのまま飲み込めるかどうかはまた別の話です。それぞれに事情があり、制約も抱えています。それならば発想を変えて、これを取り入れると、こんな良いことがありますよと伝えたほうが、受け入れてもらいやすくなります。

企業にとっては売上の増加、コストの削減、従業員満足度の向上など、投資した分は何らかの対価を得なければ持続的な取り組みにはなりえません。

「良いこと」の総量が、バリアフリー化のコストよりも大きければ、経済合理性に則ってそちらを選んでもらえます。そのうえ、結果的に配慮がなされるのであれば、これほど理想的なことはないはずです。

社会的意義を追求することはもちろん大切ですが、それだけで世の中を変えることはできません。社会から求められることを続けるためにも、儲け続けなければいけません。

直線が常に最短ルートとは限らない。早く到達したいゴールがあるからこそ、回り道をすることも、時にはいったん後退することも必要なのだと感じます。

「障害は強みや価値に変えていける。でも、武器にしてはいけない」。これはミライロにおける基本姿勢の一つとなりました。

社員が増えて得た覚悟

大学だけでなく企業からも問い合わせをいただくようになり、バリアフリーマップの対象は少しずつ拡大していきました。しかし、当初のバリアフリーマップには大きな弱点がありました。

それは私の視点で調査を行っていたことです。つまり、上半身が自由に使える、車いすの使用歴が比較的長い、男性の目線しか反映されないことになります。さまざまな障害を想定してバリアを数値化していたので、理屈としては全方位対応なのですが、実際は必ずしもそうとは限りません。

たとえば、私には全く問題ないと思えるわずかな段差でも、女性や高齢者、上肢にも障害のある車いすユーザーには負担になることがあります。ましてや視覚障害、聴覚障害となると、何がバリアになるかは私の想像だけでは追いつきません。健常者が障害者の視点に立つのが難しいように、私も視覚障害者や聴覚障害者の視点に完全に立つことはできません。

そこで、障害のある社員を採用して、新たな視点を社内に取り入れていきました。生まれつき全盲の人、子どものときの病気が原因で聴力が低下した人、知的障害のあるお子さんがいる人……。さまざまな障害や背景のある社員が、私だけでは気づかなかったバリアを拾い上げ、改善策を考えて提案する。そうやって会社としての多様性を高めました。

同時に、社員が増えることは経営者としての覚悟を、それまで以上に問われることを意味していました。民野と私だけなら、アルバイトでも何でもして食いつなげばいいと考えていたので、一期目の売上は126万円しかありませんでした。

しかし、社員を雇った以上は責任があります。なんとか事業を拡大して、安定した給料を払えるようにならなければいけません。今思えば呑気なものですが、ここに来て、ようやく本当の意味で学生気分が抜けたように思います。

そこで考えたのが、新たな事業の開発です。バリアフリーマップは、現地に何度も足を運んで調査を行い、それをマップに落とし込むのでどうしても時間がかかります。いわゆる労働集約型のビジネスです。それを発展させたコンサルティングも、基本的には同じ構造です。何件もこなすうちにノウハウが蓄積されて、マップの見せ方や提案の内容はどんどん洗練されていきましたが、少ない人手ではこなせる仕事が、どうしても限られてしまいます。

そうした私たちの都合にも増して限界を感じていたのは、顧客サイドの事情でした。現状を把握して、バリアフリー化が進んでいなくても、正直にそれを開示する。課題が残る部分は、優先順位を明らかにしたうえで改善していく。これが私たちの描いたシナリオでした。

しかし、事業者には事業者の都合があります。たとえば、バリアフリートイレは基本的に引き戸ですが、戸袋（引き戸の扉を収納するスペース）が必要となるため、どこにでも設置できるわけではありません。最初の設計段階ならまだしも、改修となると費用がかさむし、構造上の問題でそもそも取り入れられないこともあります。つまり、どうやっても現状を変えられないことが多かったのです。

「これはちょっとウチでは難しいかな。せっかく提案してもらったのにすみません」。担当者の残念そうな声を聞くたびに、こちらが申し訳ない気持ちになりました。スペースがなくても予算が限られていても、何かできることはないか。考えた末に行き着いたのは、ハードから一転、ハートの領域です。

ハードは変えられなくても、ハートは変えられる

私が幼少期を送った1990年代は、今ほどバリアフリー化は進んでいませんでした。あちこち段差だらけで、エレベーターがない駅のほうが圧倒的に多く、バスやタクシーの乗車拒否も何度経験したか数えきれません。はっきりとした障害者への差別というよりは、よく知らないからかかわりたくない、面倒くさそうといった理由からだと思います。

でも、「何かお手伝いしましょうか?」と聞いてくれる人はいたし、車いすに乗っている私と目線が合うように話しかけてくれる大人もいました。

押し付けがましくなく、「何かできることはある?」と声をかけてもらえるのは、素直に嬉しいものです。たいていの場合、「ありがとうございます。大丈夫です」と答えるの

ですが、何か困ったことがあれば力を借りられると思えば、やっぱり心強い。

仮に階段や狭い通路がなくならなくても、温かいハートがあり、それを行動に移せる人が増えれば、障害者を取り巻くバリアは小さくなる。たとえコストや構造の問題でハードは変えられなくても、人々のハートが変われば、それもまた一つのバリアフリーと言えるのではないか。そう考えた私たちは、意識のバリアを取り除くために、障害者の対応についてより深く知ってもらう教育研修の開発に取り掛かりました。

海外へ行くと、日本のバリアフリー化がいかに進んでいるかを思い知らされます。ニューヨークの地下鉄のエレベーター設置率は30％程度ですが、なにしろ故障が多くて、ほとんど使えません。

景観規制の厳しいヨーロッパの歴史ある街は石畳の道が多く、車いすでの移動には向いていません。それに対して、日本の環境面でのバリアフリー化は比較にならないほど進んでいます。先進国の中でもピカイチです。

パラリンピックの視察で訪れたブラジルで、驚かされたことがあります。リオデジャネイロの会場には、当然ながらさまざまな障害のある人や高齢者が大勢いて、同伴者がいない人もちらほらいます。

ところが、一歩会場を出ると至るところにバリアがある。ほとんどの駅にはエレベーターが設置されておらず、公共交通機関そのものも先進国の都市のように整備されているわけではありません。この人たちは、どうやってこの会場まで来たのだろうかと、不思議でした。

でも、その疑問は街へ一歩出ると解消されます。行き交う人は、私を見つけると笑顔でそばに寄って来ては声をかけ、ハイタッチまで求めてくるのです。もちろん、ただ挨拶をしに来るわけではなく、我先にと手を貸してくれようとします。

街中にあふれている段差も、車いすを旋回させるのが難しい狭い場所も、全く問題になりません。日本では目が合ったとたんに逸らされることも少なくないので、私にとってそれは衝撃でした。

日本人が冷たいわけではありません。障害者と接する機会が少なく、何をすればよいかがわからない。だから、無関心を装う。そんな人が多いだけです。

「わからない」のはブラジルの人も同じはずです。ただ、陽気で人懐っこい気質が、遠い東洋の国から訪れたらしい車いすユーザーへの笑顔と声かけとなって表れているのでしょう。ハードの遅れを補って余りあるこのハートこそが、ブラジルのバリアフリーの要なのだと感じました。

環境、意識、情報の3つのバリア

ここで、私の考えるバリアについて改めてお伝えします。社会には大きく三つのバリアが存在すると定義しています。

一つ目は、施設や店舗などの「環境」のバリア。段差がある場所にはスロープ、階段しかなければエレベーターといったような、環境のバリアフリー化をもっと進めていかなければなりません。

ただし、スペースにも予算にも限界があるので、今後は最初からバリアを作らないように心がけていく必要があります。企画や設計の段階から十分に考慮しておけば、改善改修よりもずっと低いコストでバリアフリーを実現することができます。

二つ目は、「意識」のバリア。日頃から障害者との接点がないためにどうしたらよいかわからない、知識や経験がないという理由で、手を差し伸べられない人が多いように感じます。そうかと思えば、過剰に意識し、相手の気持ちを考えず一方的なおせっかいをしてしまう人もいます。

3つのバリア解消が求められている

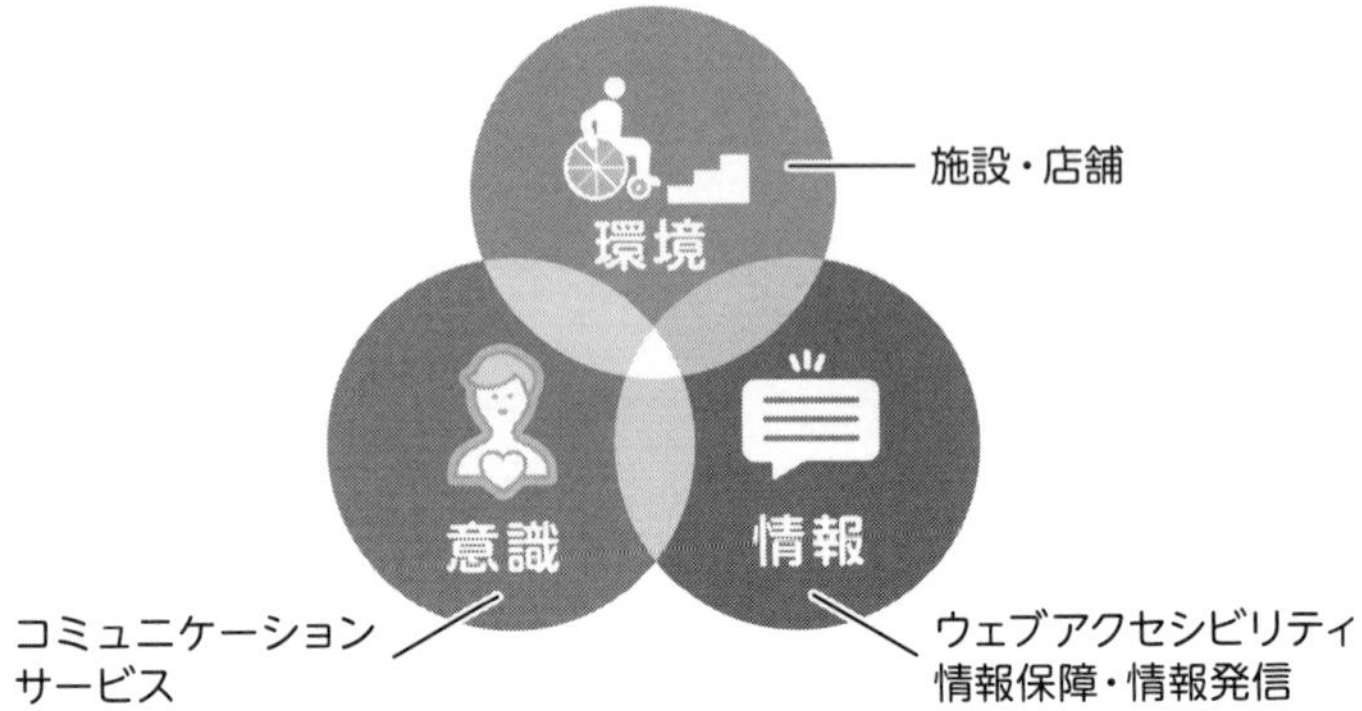

根底にあるのは思いやりの心だとわかっていても、そんな対応に疲れてしまう障害者もいます。その結果、何となく障害者は外出しづらくなり、周囲の人は障害者と接する機会がさらに減り、両者の溝が深まる。そんな悪循環が生まれているように思えてなりません。

環境ではピカイチなのに、こうした意識のバリアのせいで、総合的に見た日本のバリアフリーは「惜しい」状況にあるといえます。ブラジルの人のように明るくフレンドリーに接するのは難しくても、障害者が何に不便を感じ、どこでサポートを必要とするのか、基本的な知識があればグンと声をかけやすくなるはずです。環境のバリアと違い、意識のバリアはお金をかけずに今すぐ変えることができます。

三つ目は、「情報」のバリアです。前章で触れたウェブアクセシビリティの問題に象徴されるように、障害者にとって必要な情報を、適切なタイミングかつ、利用しやすい形で入手するのは、今のところそれほど簡単ではありません。

ミライロの事業では、情報保障のための「ミライロ・コネクト」などが情報のバリアフリー化を進めるサービスです。これについては、第3章で触れることにします。

手探りで始めた教育研修事業

バリアフリーマップの制作とコンサルティングを通じて、「環境」のバリアの解消に取り組んできましたが、それだけでは限界がありました。社会をより良い方向へ変えていくには、障害者や高齢者をはじめとする多様な人に向き合うためのマインドを誰もが身につける必要があるのではないか。そしてそこに、ミライロの成長の可能性もあるに違いない。こうして私たちは、「意識」のバリアを解消すべく、教育研修事業に乗り出します。

それまでにお付き合いがあった企業に研修の提案をすると、ほぼ同じタイミングで2社からの受注が決まりました。1社は名古屋市で結婚式場を運営するブラス、もう1社はあるテーマパークです。

ブラスからは、式を挙げるカップルに障害がある場合はもちろんのこと、高齢者や障害者など、すべてのゲストが安心して参列できるようにしたいという要望をいただきました。そこで施設のバリアフリー化と並行して、すべての社員の方に研修を受けてもらうことになりました。式をプロデュースするウエディングプランナーや料理人、裏方の本社スタッフまで、その数は計350名以上。

少子化であるうえに未婚の人が増えている日本では、ブライダル産業が置かれた環境は、決して楽観視できるものではありません。だからこそ、長期ビジョンを持つところほど、設備投資だけに頼らないソフトの部分での差異化に力を入れています。

実際、「ハートもハードも日本一やさしい結婚式場」という目標を掲げたブラスには、どんなゲストにも安心して参列してもらいたいと願う新郎新婦から、問い合わせが多く寄せられているそうです。

とはいえ、私たちの研修は一つのきっかけにすぎません。従業員一人ひとりが、日々、新郎新婦やゲストと向き合う中から、自分たちらしいサービスのあり方を考えて実際に試みる。その積み重ねがあるから、多くの人に選ばれるのだと思います。

もう1社のテーマパークは、施設改善から取り組みが始まりました。もともとすべてのトイレが車いす対応になっているなど、バリアフリー化は進んでいたものの、施設の特徴上、どうしても取り払えないバリアは残ります。

代表的なものが、激しい動きを伴うアトラクションです。車いすに乗ったままでは近づくことができないものや、特定の医療機器を装着していると利用できないものもあります。言うまでもなく、そうした対応は安全のために必要です。それでも、公式サイトに利用制限の対象や内容を事前に明示することで、ゲストを不必要にがっかりさせることは防げます。

加えて、正社員のみならずアルバイトに至るまで、障害者対応の教育を徹底したことで、乗れない、遊べないというバリアがありつつも、顧客満足度は向上し、障害者の来場者数は着実に増加しました。

結婚式場とテーマパークの仕事を通じ、大きな学びと経験を得た私たちは、接客を伴う業態で、障害者や高齢者が訪れそうなところには片端からアプローチしました。たいていの場合、無下に断られることはなく、興味を持って話を聞いてもらえます。それは実績を積んできたおかげでもあるのですが、メディアを通してミライロの存在を広く知っていただけるようになった影響も大きかったと思います。

ミライロの認知を急速に広めたSNS発信

きっかけの一つは、2011年3月の東日本大震災でした。障害者の死亡率が健常者の2倍に達するなど、さまざまな社会課題を浮かび上がらせた未曽有の災害です。

あの日、テレビに映る現地の状況を見て真っ先に思ったのは、「障害者はどれほど過酷な状況に置かれているだろうか」ということでした。バリアフリーの避難所は限られているはずだし、車いすでそこにたどり着くことさえ簡単ではありません。聴覚障害者や視覚障害者の多くは、必要な情報も得られないまま余震におびえているのではないだろうか。そう考えると、居ても立ってもいられなくなりました。

まず、障害者や高齢者の避難方法やサポートの仕方を、わかりやすい文章とイラストにまとめてSNSなどで発信しました。避難所の運営者も混乱の中で情報を探していたようです。すぐにサポート方法などについての問い合わせがありました。

次に、車いすを現地へ届けることを思いつきました。津波で車いすが流されてしまった人もいるはずで、瓦礫《がれき》だらけの道では、一般的なタイヤはすぐにパンクしてしまいます。

すぐに国内の車いすメーカーへ電話をかけて、ノーパンクタイヤの車いすを提供してくれるようお願いしました。

真っ先に応じてくれたのが、神戸で車いすを製造するカワムラサイクルでした。「ぜひ私たちの車いすを現地に届けてください」と、協力を申し出てくださったのです。

問題は資金でした。震災が発生したのは会社設立後1年にも満たないときです。気持ちはあっても先立つものがありません。まずは社員総出で、募金箱を持って街頭に立ちました。でも、それだけではたかが知れています。

そこで、SNSでも広く呼びかけることにしました。担当したのは当時ミライロの広報担当で、現在は作家など多岐にわたって活躍している岸田奈美さんです。彼女の発想力と突破力が、まだ何者でもなかったミライロを、日の当たる場所へ押し出す原動力になりました。

このときもまさにそうでした。車いすを送るための資金提供を呼びかける投稿が、『スラムダンク』などの作者として知られる井上雄彦さんの目に留まり、拡散されたのです。

その影響力は、私たちの想像のはるか上を行くもので、瞬く間に「いいね」の数が膨れ上がり、資金援助を申し出るメッセージが続々と届き、テレビや新聞の取材も殺到しました。できるだけ多くの取材に応じ、車いすを必要としている方が大勢いること、日を追うごとに環境の厳しさが増していることを、拙いながらも自分たちの言葉で訴えました。たくさんの人がその言葉を受け止めてくれ、「ハートチェアプロジェクト」と名づけたこの活動により、私たちは304台の車いすを現地に届けることができました。

こうしてメディアに取り上げられたことから、ミライロの認知が広がりました。むろん、PR目的で行ったものではありません。障害者や高齢者が過酷な状況にあることを思えば、何もしないという選択肢はなかった。それが結果的に、ミライロのブランディングにつながったのでした。

誰かを支える喜びが働きがいを生む

その直後、ある話が舞い込んできます。パチンコホールを手がける企業から、新店の企画・設計と従業員研修のコンペに参加しないかと声がかかりました。

あまり知られていませんが、パチンコホールの中にはバリアフリー化が進んでいるところが多くあります。そこには、さまざまな来店客に対応するという目的の他に、別の理由もあるようです。依存問題をはじめ、遊技にはどうしても負のイメージが伴うため、社会貢献をすることで一方的な見え方を改善したいという動機がありました。

なかでもその企業は、地域に必要とされることを目指して、長年にわたり寄付や清掃活動を行っています。各店に設けられたバリアフリートイレが、遊技をしない人にも積極的に開放されているのもその一例です。

そんな企業からコンペの参加を要請されたのは光栄なことです。しかし、ライバルが大きすぎました。誰もが知る大手広告代理店2社が含まれていたのです。どう考えても、私たちに勝ち目はありません。いっそ最初から下りようか。そんな思いがよぎりました。

でも、考えてみれば、ことバリアフリーに関しては、私たちにも十分な実績とノウハウの蓄積がある。だからこそ声をかけていただいたのだから、ダメもとで挑戦してみよう。そう決めた次の日には、社員らと近所のパチンコホールに赴き、障害当事者としての視点から問題点と改善案をまとめました。

パチンコ業界に対する偏見というハンデも、良い意味で裏切れば店や従業員への好感となり、新たな価値を生むことができる。新店舗だからできる最先端のバリアフリーに加え、より重要なのは多様な顧客を迎える従業員対応で、ミライロならハードもハートも最高の形を描き、最良の結果に導ける。コンペではそうアピールしました。

結果は奇跡の勝利。店舗のデザイン、従業員研修、あらゆることをプロデュースする超大型プロジェクトに携わることができました。

この仕事でも改めて学ばせてもらったことがあります。障害者や高齢者への心づかいは、される側はもちろん、する側にも良い効果があるということです。自分の子がパチンコ業界に就職すると聞くと、心配する親御さんが多いそうです。転職や結婚など、その後の人生に影響しないかと考えるのも、子を思う親としては当然かもしれません。その結果、親御さんから反対されたまま、会社に入る従業員も少なくないと聞きました。

そんな割り切れない気持ちを抱えながら日々の仕事に励む人たちが、障害者や高齢者をサポートする方法を学び、誰かを支えることで喜ばれ、地域の人々に感謝されたらどんなふうに感じるか。きっと、それまで以上に働きがいを感じ、自分の仕事や会社に誇りを持てるはずです。実際、研修の途中から目の色が変わる受講者を私自身何人も目の当たりにし、そのたびに嬉しくなって、伝える言葉に一層の熱がこもりました。

時間や労力、お金を使って誰かのためになるような行動をすると、人は幸せを感じるといわれます。乳幼児でさえ、何もしない人より、誰かを助ける人を好むという研究結果もあります。人を想い、行動するのは、人間の本質的な喜びであり、人間の大きな魅力なのだと思います。

2000万円より雇用を生む仕事

「ハートチェアプロジェクト」に加えて、黎明期《れいめい》のミライロの認知向上につながったのが、2013年1月に私がある催しでグランプリを受賞したことでした。

起業家の発掘、育成、支援を目的としたこのコンテストは、2000万円という高額な優勝賞金で話題になっていました。設立3年目のミライロにとって何よりありがたかったのは、ミライロが描く理想の未来に多くの方が共感し、応援してくださったことです。それまでがむしゃらに走ってきた方向が間違っていなかったと、少し自信が持てた瞬間でした。

特に大企業の経営層の方に存在を知っていただけたことは、その後のミライロにとってかけがえのない財産になりました。私が出場した際、パナソニック、日立、富士通、メガバンク各社など、錚々《そうそう》たる企業がスポンサーに名を連ねていました。

受賞後のスピーチで私は、賞金を辞退したいと申し出て、その代わりに「2000万円分の仕事をください」と伝えました。

正直に言えば、当時のミライロにとって2000万円は大きな金額でした。それだけあれば、少なくとも数カ月は社員の給料の心配をしなくて済む。それでも、目先のお金よりも仕事を選びました。2000万円は使ってしまえばそれで終わりですが、多くの企業と接点を持ち、良い仕事をすれば、その何倍、何十倍にもなって戻ってくる。未来の可能性に投資したいと考えたのです。

そして、それは現実のものとなり、スポンサー企業の多くから仕事をいただき、ミライロの飛躍が近づいているように感じられました。

生死をさまよって下した二つの決断

大舞台でのプレゼンを終え、意を強くした私を待っていたのは、猛烈な向かい風、「禍福は糾《あざな》える縄のごとし」を絵に描いたような展開。グランプリ受賞の3カ月後、私は治療のために手術を受け、心肺停止になりました。

物心ついてから何度も手術は受けてきたので、それほど心配はしていませんでした。心残りは、せっかく軌道に乗ってきたところで、病室にこもらなければならないことだけ。

病室にパソコンを持ち込み、チャットやメールで社員とやり取りして、プロジェクトの進捗を確認する。手術が終われば、リハビリをしながらすぐに復帰できる……。そのはずでした。

ところが、楽観的な予想は大きく裏切られます。7時間に及ぶ手術の後に自発呼吸が戻らず、昏睡状態に陥りました。3日目に意識が戻ったとき、父と母へ、「ミライロ」「連絡」と震える字で書いて、生還したことを会社のみんなに伝えてほしいと頼みました。

そのとき、はっきり自覚しました。これまでを振り返ると障害が理由でつらい、苦しいことが多かった。嬉しい、楽しいは3割くらいで、そうじゃないことが7割くらい。でも、今際《いまわ》の際《きわ》に51対49くらいだったら、きっと満足して死ねる。まだ遠い。まだやるべきことがある。「障害を価値に変えられた」、そう胸を張って言えるまで、死ぬわけにはいかない。そんなことが当時の日記に記されています。

長い入院生活の中で、ミライロのこれまでを振り返り、これからのことを考えました。民野をはじめ、社員みんなの力なしでは、とっくに潰れていたに違いありません。

でも、外から見たらどうか。障害者の視点に立ち、事業やサービスを開発して、当事者である私が前面に出てそれを発信する。「ミライロ＝垣内」の印象が強くなりすぎているのかもしれない。このままでは、もしまた私の身に何かあれば、事業が頓挫し、せっかく集まってくれた社員、協力してくれている企業に迷惑をかける。手を離すべきところは離して、組織として成長していかなければならない。

身体中にチューブをつながれたあのときの私は、自身でも驚くほど冷静だったように思います。心肺停止の影響たるやすさまじく、ろれつが回らなかったり、手が麻痺して動かなかったり、リハビリはずいぶん長期化しました。

治療と並行し、病室のベッドの上で、二つのことを始めました。一つは、本を書いて、ミライロの歩みと自身の思いを形にして残すこと。もう一つは、コンサルティングや研修事業について、誰が担っても同じ価値を提供できるように標準化を進めることです。

人前で話すことができなくなるかもしれないという危機感から黙々と書き続けました。出版するまでには、それから3年近くかかりましたが、最初の著書『バリアバリュー――障害を価値に変える』(新潮社)は、ミライロのことを日本中の人、企業に知ってもらうきっかけとなりました。また、夏休みや冬休み明けは、全国の学生から読書感想文が届き、ビジネス書として出版したにもかかわらず、若い世代へメッセージを届けられたことはありがたいことでした。

もう一つの事業の標準化は、事業を拡大し、持続的にするため不可欠であると捉えていました。それまで、コンサルティングと同じく研修も、顧客の事業やサービス形態に応じ、カスタマイズして行うのが典型でした。

それはそれで重要なのですが、その分だけ労力がかかるので、どうしても相応の費用を負担いただくことになり、結果として対象がある程度の規模の企業に絞られてしまっていました。標準化すればコストも下げることができ、中小企業や個人にも研修を受けてもらいやすくなります。

ハードは変えられなくてもハートは変えられる。併せてハートが変わらなければハードは変わらない。誰が何に困るか、何を求めているか、その理解が広がれば、さらにバリアフリー化は進む。そうした考えの下、事業の再構築が始まりました。

ユニバーサルマナー検定の誕生

店舗や施設の第一線で顧客に接するスタッフが、障害者や高齢者のことを知り、行動に移せるマインドを持てばバリアフリーにつながる。そのハードルをできるだけ低く、そして、親しみやすくするため、まずネーミングにかなりの時間を割きました。

最初に挙がったのは、バリアフリー研修、バリアフリー接遇研修などですが、これでは、特別なことを学ぶという印象が拭えない。もっと間口を広く取り、誰もが身につけておきたい、心づかいを指す言葉はないか。たどり着いたのが「マナー」でした。

行儀作法を指すマナーは、ルールと違って守らなければダメというものではありません。しかし、テーブルマナーがそうであるように、みんながマナーに則って振る舞えば、お互いに気持ちよく過ごせます。

それも障害者や高齢者に限らず、妊婦や子ども連れ、外国人など、あらゆる人のためのマナーであってほしい。だからあえてバリアフリーという言葉は使わずに、ユニバーサルマナー検定としました。

研修ではなく「検定」としたことにも理由があります。せっかく研修を受けてユニバーサルマナーを身につけても、実践し続けてもらわないともったいない。資格を持っていることは一つの自信につながり、学んだ人の背中を少しだけ後押しできると考えました。

個人の場合は就職や転職で有利に働く可能性があり、企業は取り組んでいる姿勢を示すことで、ステークホルダーからの共感が集まります。プレスリリースやウェブサイト、SNSなどで発信する際、「研修を実施しました」だけではインパクトがない。一方、資格にすれば定量的に示しやすくなり、取得した従業員は達成感を得られる。

従来の研修カリキュラムをベースに、これまでに顧客企業からいただいた意見や要望をギュッとまとめて検定プログラムの叩き台を作りました。そのうえで、障害のある社員の意見をもとに足りない要素を加え、余計な部分は削り、あらゆる企業、さまざまなシチュエーションで役立つ内容に磨き上げました。

思い起こせばバリアフリーマップから始まり、これまでミライロとして手がけたサービスすべてを、そんなふうにゼロから作ってきました。0から1を生み出すのは楽しくも苦しい作業でしたが、それがあったからこそ、私たちはなんとかここまでやってこられたのかもしれません。

こうしてユニバーサルマナー検定が完成しました。障害者対応といった堅苦しいイメージは避けたかったので、ロゴマークは車いすに乗っている男の子と横に立つ女の子が手をつないで楽しそうに歩くデザインを採用しました。少々気恥ずかしいのですが、これは若き日の私のエピソードがモデルになっています。

ユニバーサルマナー検定のロゴ

片手で車いすを操作するのは簡単ではありませんが、練習をすればできます。私は高校時代に、お付き合いしていたパートナーといつも手をつないで出かけていました。そのおかげもあって、いつからか傘をさして移動することもできるようになりました。

車いすに乗っているからといって、誰もが押してほしいわけではないし、常に手助けを必要としているわけでもない。まずは一人ひとりの気持ちに耳を傾けて、寄り添うように共に歩いてほしい。そうすれば配慮を必要とする人も、その周囲の人も笑顔でいられる時間が増える――そんな思いがこのロゴマークには込められています。

満を持してリリースした、ユニバーサルマナー検定の記念すべき初回は、今も忘れることができません。２０１３年８月、新宿駅近くの会場に集まった受講者は、午前が２人、午後が３人、合わせて５人だけだったのです。

受講された方にとっては、居心地の悪い時間だったでしょう。なにしろ、受付の社員を含めれば、スタッフのほうが多いのです。私が熱を入れて話せば話すほど圧を感じるのか、受講者が下を向く時間が増えていきます。講義が終わる頃には、会場全体を濃い疲労の色が覆っていました。

こんな具合では会場費をまかなうこともできません。どうやって集客すればよいのだろう。本来、真っ先に考えなければならないこの問題に、遅まきながら向き合うことになりました。

推しの力で巻き起こったブーム

受講者が集まらないのは当然でした。それまでの法人営業と違い、ユニバーサルマナー検定は当初BtoCを念頭に置いていたからです。しかし、個人向けのプロモーションをどうすればよいのか、そのときの私たちはまるでわかっていませんでした。

公式サイトやSNSを用いて情報を発信するも、ユニバーサルマナーという聞き慣れない言葉に反応する人はほとんどいません。それまで営業に行った企業の担当者などが、様子見がてらにポツポツ参加してくださるという状況が続きました。

実際に受講した方の評価は高く、他の社員にも聞かせたいとか、新入社員研修に取り入れたいと言っていただくことも多くありました。時間はかかるかもしれないけれど、知ってもらえさえすれば必ず広がる。そう信じて、ガラガラの会場でも臆せず、一人ひとりの受講者と毎回丁寧に向き合いました。

それは歴代の講義資料にも表れています。限られた時間内に学びをギュッと詰め込み、かつ、飽きさせない工夫も盛り込みながら、必要な知識と技術を身につけていただく。そのために、何度も繰り返し改善しました。更新回数は優に３００を超え、最初の資料と比べると、その進化の具合に驚かされます。ストップウォッチを片手に何度も練り直した講義資料は、ミライロの大事な資産です。

後にユニバーサルマナー検定は、ひょんなことから大ブレイクします。２０１６年春、嵐の櫻井翔さんが受講してくれたのです。

ユニバーサルマナー検定は３級、２級、１級とステップアップするカリキュラムです。当時、櫻井さんは全国ツアー中だったので、３級は録画した講義を視聴してもらい、２級はある企業の社員研修に交ざって受講されました。その模様は、櫻井さんがキャスターを務めるニュース番組「news zero」で放送され、直後から申し込みが殺到しました。

それから1年ほど、全国各地どの会場も櫻井さんや嵐の

カリキュラム

「違い」を包含し、人生の幅を広げる人になる

選択式の多様なプログラムと、当事者のリアルに触れる体験を通して、価値観や世界観を広げる講座です

多様な方への適切なサポートができる人になる

車いすの操作方法や視覚障害者の誘導方法など、実践的なサポート方法と、より詳しい知識を学ぶ講座です

「違い」と向き合い、一歩を踏み出せる人になる

人と人との違いを理解し、基本的な向き合い方やお声がけ方法を学ぶ、ユニバーサルマナーの入門講座です

ユニバーサルマナー検定の

1級

2級

3級

ファンの方々で埋め尽くされ、「推し」のパワーは私たちの想像以上のものでした。ちなみに櫻井さんは、2級を100点満点で合格しています。

事業に即したユニバーサルマナーの浸透

ユニバーサルマナー検定は、事業の柱の一つに育ちました。これまでの受講人数は累計で22万人にのぼります。当初のBtoCからBtoBへと軸足を移し、形式もコロナ禍を機にオンラインやeラーニングが主流になりました。

小売、サービス業や交通機関だけでなく、銀行、保険会社などの金融機関、製造業、自治体や学校まで、対象となる業種業態も多様化しています。従業員がユニバーサルマナーを身につけるとどんな効果が期待できるのか。いくつかのケースを紹介します。

日本一多くのパンダがいることで知られる和歌山県のアドベンチャーワールドでは、2016年から全社員を対象にユニバーサルマナー検定を取り入れています。広大な敷地には動物園、水族館、遊園地などの施設があり、障害者や高齢者、また、ベビーカーを利用する方の移動に課題を抱えていました。

起伏に富んだ地形を生かした自然な雰囲気はアドベンチャーワールドの魅力でもあります。そこで、トイレや通路などを中心に、できる範囲でハードの改善を進めると同時に、ユニバーサルマナー検定によるハートのバリアフリー化に取り組むことを提案しました。大きく変わったのは、スタッフの意識です。障害があるゲストへの対応について、ユニバーサルマナー検定を取得する前は、9割の方が「自信がない」としていたのが、取得後には8割が「自信がある」と回答されました。

アドベンチャーワールドでは、障害がある子どもとその家族を招待する「ドリームナイト・アット・ザ・ズー」が2017年から開催されました。その後、全日貸し切って楽しめる「ドリームデイ・アット・ザ・ズー」を2021年から開催しています。

一度に大勢の障害者を迎えるにはいろいろと準備が必要で、万が一事故が起きたらといった不安も残ります。ユニバーサルマナー検定の取得を通して障害者に対する学びを深め、自信を持てるようになったことが、こうした取り組みの実現に少しでも役立っているのであれば嬉しい限りです。

2018年に発覚した、中央官庁による障害者雇用の水増し問題に話題を移します。職員に占める障害者の割合を示す障害者雇用率について、本来は該当しない職員を障害者として計上していたものです。以降、水増し解消を図る動きが人材獲得の争奪戦を招き、年々引き上げられる法定雇用率が、それに追い打ちをかけています。

大手住宅メーカーの住友林業が全社員、およそ5400人のユニバーサルマナー検定取得を決めた背景にも、法定雇用率の達成に対する危機感がありました。せっかく入社した障害者がすぐに退職してしまうケースがあり、定着を図るためには全社員の意識向上が不可欠だと考えたのです。

日々の業務に追われる中、受講の時間を取ることさえ難しい社員もいましたが、経営トップのコミットメントの下、2022年1月には全社員がユニバーサルマナー検定3級を取得。住宅業界としては初めてのことでした。波及効果として、障害がある人やご高齢の顧客への接遇も一層向上し、お客様から喜びの声をいただくこともあると伺っています。

障害者雇用にまつわる課題は、法令遵守にとどまりません。少子高齢化に伴って労働人口が減り続ける中、人手不足は多くの産業にとって重大な経営課題です。そんな状況で障害者に選ばれる企業となり、長く活躍してもらうためには、単に雇用するだけではなく、多様な人材にとって働きやすい風土を醸成することが欠かせなくなっています。

若い世代の変化と先進企業の変化

企業以外では、上智大学や品川女子学院などの教育機関もユニバーサルマナー検定の取得を進めています。

10代の若者と接して驚かされるのは、スポンジのような吸収力です。最初は障害者にどう接したらよいかがわからないと尻込みしていたのに、講義の後にはすっかり自信のある様子に変わっています。実際に、多くの学生が街中で視覚障害者や車いすユーザーへ積極的に声をかけているという、嬉しい報告も寄せられています。

凝り固まった大人の意識や習慣を変えるにはどうしても時間がかかりますが、若者はその何倍ものスピードで軽々と進化します。中高生や大学生がそうなのですから、もっと幼い頃から障害者が身近にいる環境があって共に育つ経験をすれば、日本の「惜しい」状況は大きく変わるはずです。そのためには、障害児と健常児を分離する現在の教育制度から、世界の主流であるインクルーシブ教育に舵を切る必要があります。

一方、そうした制度面の遅れをよそに、DE&I（ダイバーシティ・エクイティ&インクルージョン）をめぐる若者の意識は確実に変わっています。社会課題の解決を考慮したエシカル消費をリードしているのは10代や20代で、就職先を選ぶ際にも多様性への配慮など、社会的意義のある取り組みに注目する学生が多く、エシカル就活という言葉も聞かれるようになりました。

ミライロにも時折、離職率の高さに悩む企業から、ユニバーサルマナー検定導入の相談が寄せられます。社会に良いインパクトを与えられるかどうかは、若い世代が仕事や会社を選ぶうえで、とても重要な物差しになっているようです。障害者と同様に、次世代の人材に選ばれるためにも、ハードとソフト両面のバリアフリーが求められています。

そうした背景もあり、ユニバーサルマナー検定の受講実績を外部へ積極的に開示するケースが増えています。たとえば丸井グループでは、ＥＳＧデータブックでユニバーサルマナー検定の累計受講者数を開示しています。いち早く企業受講を開始していただいたこともあり、その数は２０２４年３月期現在、社員とテナントスタッフを合わせて５７１０名にのぼります。

ありがたいことに、ＥＳＧのＳ(Social)に関する開示項目で、人権方針の有無や女性リーダー比率、男性の育休取得率などと並んでユニバーサルマナー検定の受講者数が採用されています。それはとりもなおさず、投資家をはじめとするステークホルダーからの関心が高い証でしょう。

さらに言えば、自分とは違う誰かの視点に立って行動するためのマナーの習得が、企業価値の向上につながると評価されているからにほかなりません。環境に配慮した商品やサービスがそうであるように、高齢者や障害者への適切な対応は、企業が持続的に社会的、そして経済的に価値を創造していくうえで不可欠なものとなっています。

2022年秋、ユニバーサルマナー検定は新たな試みを始めました。ヤマト運輸とのカリキュラムの共同開発です。多様な顧客が快適に利用できるサービスづくりに向けて、業務に即したユニバーサルマナーのあり方を、ヤマト運輸の皆さんとじっくり考えました。

地域と密接にかかわるヤマト運輸だからこそ、ユニバーサルマナーという共通の価値観を持って実践いただくことは、より多くの方の豊かな生活につながると確信しています。

すでに数万人の社員の方が受講を終えており、それには当然、時間とお金のコストが生じています。ヤマト運輸の役員の方（当時）から頂いた言葉は、思いがけないものでした。

「ユニバーサルマナーを習得することでお客様だけでなく、仕事から離れた日常でも、誰かに寄り添い行動できることは、社員の幸福につながる。ユニバーサルマナーを学ぶ機会をつくるのは福利厚生の一環だ」

ビリビリと全身に走るようなものを感じました。小さな会議室で数名の方へ伝え続けた日のことが思い返され、いろんな感情があふれそうになったことを覚えています。紡いできた言葉、温めてきた想いを受け止め、共に広げてくれる皆さんは、私たちにとってかけがえのない存在です。

2023年3月には、西武鉄道と共に、鉄道事業者向けのユニバーサルマナー検定を開発しました。多くの障害者が助けを必要とする鉄道利用のシーンにおいて、どんなサポートがあれば快適に過ごせるのか。駅係員や乗務員は、日頃どのような問題意識を抱えているのか。障害がある人と現場を支える人、双方の意見を聞いて作り込んだものです。

日々の業務ですぐに使える内容になっていて、西武鉄道だけでなく他の鉄道事業者にも活用してもらっています。これが広がれば今まで以上に鉄道が利用しやすくなり、障害者の外出が増え、おのずと社会参加の機会も増えると期待しています。

コロナ禍で鉄道会社の業績は軒並み停滞し、西武鉄道も同じく多岐にわたる課題と向き合う最中にありました。それにもかかわらず、障害者に関する取り組みの優先度を下げることなく、むしろ今まで以上に積極的に進める決断をしてくださったことは、一人の障害者として心強く、未来にさらなる期待を持てる出来事でした。

一般的な心づかいに加え、自社ならでは、その業種ならではのユニバーサルマナーを追究する動きは、今後ますます広がっていくでしょう。「善き行い」にとどまらない、新たなビジネスへとつながるバリアフリーの可能性はさらに広がっています。

第3章

障害者が今日を楽しみ、明日を期待できる社会

情報のバリアを解消する

障害者を取り巻く「環境」「意識」「情報」の三つのバリアのうち、残された課題が「情報」のバリアフリーです。

また、会社設立当初から手がけていたバリアフリーマップも、調査した情報を障害者へ共有する点では、情報のバリアフリーに貢献するサービスといえます。ただし、現代において情報といえば、やはりデジタル化されたものが主になります。

この課題に私たちが本格的に取り組むことになったきっかけは、2014年にある企業からウェブ版のバリアフリーマップ制作を持ちかけられたことでした。

バリアフリーマップの制作ノウハウもだいぶ蓄積されていたので、ウェブ版は思ったよりもスムーズに進めることができました。ユーザー視点に立つと、ウェブによるバリアフリー情報の発信は効果が非常に大きいとわかります。

第一に情報量の多さです。紙の場合、どうしても紙幅の制限が生じるため、あれもこれも詰め込もうとすると、地図そのものが大きくなったり、読みづらくなったりしてしまいます。

一方、ウェブ上ならば、ポップアップなどで詳細な情報を表示でき、検索をすれば必要な情報をすぐに見つけることもできます。私もグーグルマップなどの地図サービスを頻繁に利用していたので、そのメリットは理解していました。

目の前の仕事に手一杯で、事業としてシステム開発に取り組む踏ん切りがつかずにいました。しかし、ウェブ版の効果を目の当たりにした以上、これを先延ばしすべきでないとの判断に至り、バリアフリーマップの本格的なデジタル化に取り掛かりました。

それまでのバリアフリーマップは、企業や施設から依頼を受けて制作する受注型の事業でした。でも、障害者やその家族は、より多くの情報を必要としています。出かけたい場所や店が、どの程度バリアフリーであるかが事前にわかれば、計画が立てやすくなります。あるいは、バリアフリー化が進んでいる施設を条件に検索して、マッチしたところに足を運んでみることもできます。こうした情報が集積されれば、障害者や高齢者、子ども連れの人が、今よりずっと街に出かけやすくなる。

そのために、企業や施設からの受注ではなく、さまざまな場所の調査を行い、マップにバリアフリー情報を落とし込む必要がありました。そうなると調査にかかる費用はもとより、開発資金をどう確保するかが課題となります。

ミライロはなんとか黒字化させて少しずつ業績を伸ばしていましたが、アプリ開発となると、まとまった投資をしなければなりません。さらに、全国各地のバリアフリー調査を、少数の社員だけで行うのも現実的ではありませんでした。なにしろ飲食店だけでも、国内に82万件あるとされています。

リソース不足を解消したアイデア

バリアフリー調査は、私たちが調査を行うのではなく、企業や施設の方々に自ら調査をしてもらい、その情報をアプリ上で入力してもらうことにしました。

当時はSDGsという言葉をまだ耳にしませんでしたが、経済的価値だけでなく社会的価値をどう創出していくかが問われるようになっていました。社会貢献活動の一環として情報を発信すると同時に、これまで取り込めていなかった障害者などの新たな顧客の獲得にもつながるのなら、企業側にも大きなメリットが見込まれます。これで調査の人的パワーの問題の一部は解決します。

これまではミライロの社員や私が現地調査を行っていたので、情報の質には自信がありました。しかし、特別なトレーニングを受けたことがない企業や施設のスタッフによる調査の場合、正確さに課題が残ります。

そこで考えたのが、企業や施設などのスタッフ視点の情報に加えて、アプリのユーザーがバリアフリーの状況を評価して、投稿できるようにする方法でした。こちらも調査の経験やスキルがない点は変わりませんが、一人ひとりの情報にブレがあっても、母数が増えれば一定の範囲に収束し、ある程度の正確さは保てます。精緻な情報にこだわるよりも量を追求するほうが、結果として情報の質に貢献すると考えました。

それまでのバリアフリー情報は一般的に、段差の数や高さ、通路の幅などを細かく計測して、正確に伝えることがよしとされ、私たちも実際にそうしてきました。しかし、調査対象を拡大して、ミライロの社員以外の人にも参加してもらう以上、どこかで割り切る必要があったのです。

興味深い調査結果があります。２００５年12月、科学誌『ネイチャー』のオンライン版が、ウィキペディアの科学分野の項目についての正確性は、ブリタニカ百科事典に匹敵するという記事を発表しています。ウィキペディアの正確性は分野によって大きく異なり、閲覧回数や編集履歴が多いほど信頼性が増すというデータもあるので一概に評価することはできません。

それでも、ボランティアの手で作られたオンラインの百科事典が、世界で最も有名な百科事典の一つであるブリタニカに劣らないという指摘は注目に値します。オープンソース方式のソフトウェア開発などにも同じようなことが言われていますが、多様な人が共同作業を通じて生み出すものには、クローズド型とはまた別の可能性があります。

共感の力で作るバリアフリーマップ

ウェブ版のバリアフリーマップもその可能性にかけてみよう。そう決断するのとほぼ時を同じくして、もう一つの課題である資金面の不安も解消されました。支援してくれる団体や企業が現れたのです。

こうして2016年4月、ミライロにとって初めての自社開発アプリ「Bmaps（ビーマップ）」がリリースされました。このアプリの最大の特徴は、「みんなで作る」バリアフリーマップという点。街中で見つけたバリアについて、誰でも情報を発信できます。

アプリ上で身体特性を登録すると障害種別ごとのアイコンが表示され、ユーザーは自身と同じ障害のある投稿者のレビューをチェックできます。同じ障害がある人の評価は信頼性が高く、頼りになる。それを見て、外出する障害者が増える。すると今度は自分がバリアフリー情報を投稿する。自分の「行けた」が、誰かの「行ける」につながる、こんな好循環が生まれていきました。

ミライロ初の海外進出はこのＢｍａｐｓで、東南アジア、アメリカ、エクアドルなどでリリースしました。多言語化の負担は想像以上でしたが、海外展開を通じて各国のバリアフリー事情を知ることができ、私たちの視野は広がりました。

繰り返しになりますが、日本の環境面でのバリアフリーは世界トップクラスであり、障害者が外出できる環境は整っているといえます。

では、日本の障害者が街に出ているかといえば、そうではありません。世界一外出しやすい国であるにもかかわらず、外出したいと思える社会になっていないのです。もちろん仕事や病院、役所など、必要に迫られて外出することはあります。でも、初めて訪れる街で落ち着いた雰囲気のカフェを探すとか、人気の美術展に足を運ぶ、といった多くの人が何気なくしていることが難しい。

それは、環境以外のバリア、意識と情報の壁が高くそびえ立っているからです。外出できる環境があっても、そこにいる人の意識が変わっていなければ、安心して外出はできません。人々の意識が変わったとしても、その情報が障害者へ届かなければ、外出のきっかけを得られません。

三つのバリアのうちのどれか一つでも取り残されれば、どんな施策も無に帰してしまう可能性があります。

お金と仕事をめぐる障害者の現実

もう一つ障害者の外出を阻んでいるものがあります。それは「お金」です。交通費や外出先で使うお金がなければ、家にこもりがちになります。出先でお茶を飲んだり、ちょっとした買い物をしたりするのは誰だって楽しいものです。ましてやテーマパークに行ったり、豪勢なディナーを堪能したりしようと思えば、万単位でお金がかかります。そこに障害者と健常者の差はありません。懐具合が違うだけです。

ここで障害者の金銭事情を簡単に説明しましょう。一般的な障害者の収入源は、働いて得る給与と障害年金の大きく二つがあります。

このうち障害年金は、障害基礎年金と障害厚生年金に分かれます。障害基礎年金は、国民年金加入者、20歳前の子どもや若者、または60歳以上65歳未満の間に障害認定を受けた人が受給できます。

もう一方の障害厚生年金は、厚生年金加入者が障害基礎年金の1級から3級に該当する場合に受給対象となります。1級と2級は障害基礎年金に上乗せして、また、障害の程度が軽度な3級の場合は障害厚生年金のみを受け取ることができます。

支給額は障害の程度（等級）によって異なり、2024年度の障害基礎年金は、1級が102万円、2級が81万6000円で、これに扶養する子どもの数に応じた加算があります。障害厚生年金は厚生年金と同様に自身の収入（標準報酬月額）に応じて決まるので、ここではいったん除いておきます。

受給者数の多い2級の場合、月額にすると6万8000円なので、住む地域や環境にもよりますが、これだけで一人暮らしをするのは厳しいでしょう。

統計でも、多くの障害者が家族と暮らしているという結果が出ています。家族が心配して同居を望んでいる、一人では日常生活が難しいといった理由の他に、経済的な理由から同居を選ぶケースも一定数あると考えられます。

では、家族と同居している場合はどうか。世帯全体の収入によりますが、成人ならば食費などの名目でいくらかは家に入れるパターンが多いはずです。仮に3万円を家計に入れて、通信費と医療費を支払い、1万円を何かのときのために貯めるとすると、残りは2万円を切ります。これでは、積極的に外出を楽しもうという気にはなれないはずです。

仕事をして収入を増やせればよいのですが、障害者の就業率は健常者に比べて低い現実があります。その要因の一つは雇用する側にあり、その点については第4章で改めて触れます。

一方で雇用機会に恵まれ、環境が整い、心身ともに働ける状態にあっても、仕事に就かない障害者がいるのも事実です。仮に勤めても長く続かないケースもあります。その根底には、食べていけるのだから無理して働く必要はないといった気持ちがあるのかもしれません。

働いていないし、お金もないから外出しない。外出しないから、お金もそれほど必要ない。こんな循環が障害者から働く力を奪い、日本の労働力不足に拍車をかけ、大きな潜在購買力を持つ市場を眠らせたままにしています。

障害者が働くことで正当な報酬を得て、それを消費や貯蓄、投資に回せば、本人はもちろん日本経済にも良い影響を与えます。そのためには無理なく続けられて、できることなら障害を強みに変えて活かせる仕事が必要です。障害者の声を製品やサービスに反映させて、調査に協力したモニターに報酬を支払う「ミライロ・リサーチ」は、そうした目的を果たすべくスタートしました。

障害者のニーズと企業をつなぐ

ミライロ・リサーチは、障害者のニーズを把握したいと考える企業の要望に応えるサービスです。実際、障害者やその関係者を対象に製品やサービスを展開したいと考える企業は増え続けています。

その背景には、日本の障害者数が年々増加していることがあります。高齢化や障害に対する認識の変化が主な理由とされていて、この傾向は今後も続くと考えられます。

さらに言えば、身体機能や認知機能が衰えた高齢者は、障害者と同じような悩みや不自由さを感じています。つまり、高齢化に歯止めがかからない日本にあって、障害者の市場は確実に拡大が見込める数少ない領域です。

ユニバーサルデザインの重要性はわかるが、ノウハウや経験が不足している。社会的に意義があるのはわかるが、経済性と両立させるのが難しい。そもそも何から始めればよいのかがわからない。そんな悩みを抱える企業に、障害のある当事者の意見やアイデア、障害者に関するさまざまなデータ分析の結果を提供しています。

自社でモニターを集めて独自の調査を行う企業もありますが、ミライロ・リサーチの特徴はモニター数の多さと調査・分析のノウハウにあります。２０１４年に前身である障害者モニター制度を開始して以来、工夫を重ねて進化を遂げてきました。

その中核を担ってきたのは、２０１６年に入社した森田啓です。大手通信企業でリサーチ業務を担当していたことから、この事業を拡大するために迎え入れた社員でした。

とはいえ、森田も最初はずいぶんと戸惑ったようです。なにしろ障害者のリサーチというビジネス自体、日本ではどこも手がけておらず、参考にする前例も競合もなかったのです。また、事業として成立させるうえでは、モニターが足りませんでした。ＳＮＳでの呼びかけはもちろん、福祉施設や障害者が集まるイベントへ足を運ぶなどして、登録者を地道に増やしていきました。

しかし、アンケート調査の設計でも壁にぶつかることになります。森田にはリサーチのノウハウはありましたが、障害に関する知識や情報が不足していました。そこでまず、身近にいる障害者の意見を聞いてまわりました。

すると、回答画面のデザイン、質問の数、質問の仕方や言葉選びなどについて、一般的なアンケートとは異なる工夫が必要なことがわかってきました。そのうえで既存のモニターに試してもらい、意見をもらって改善する。その試行錯誤が続きました。

障害の種別

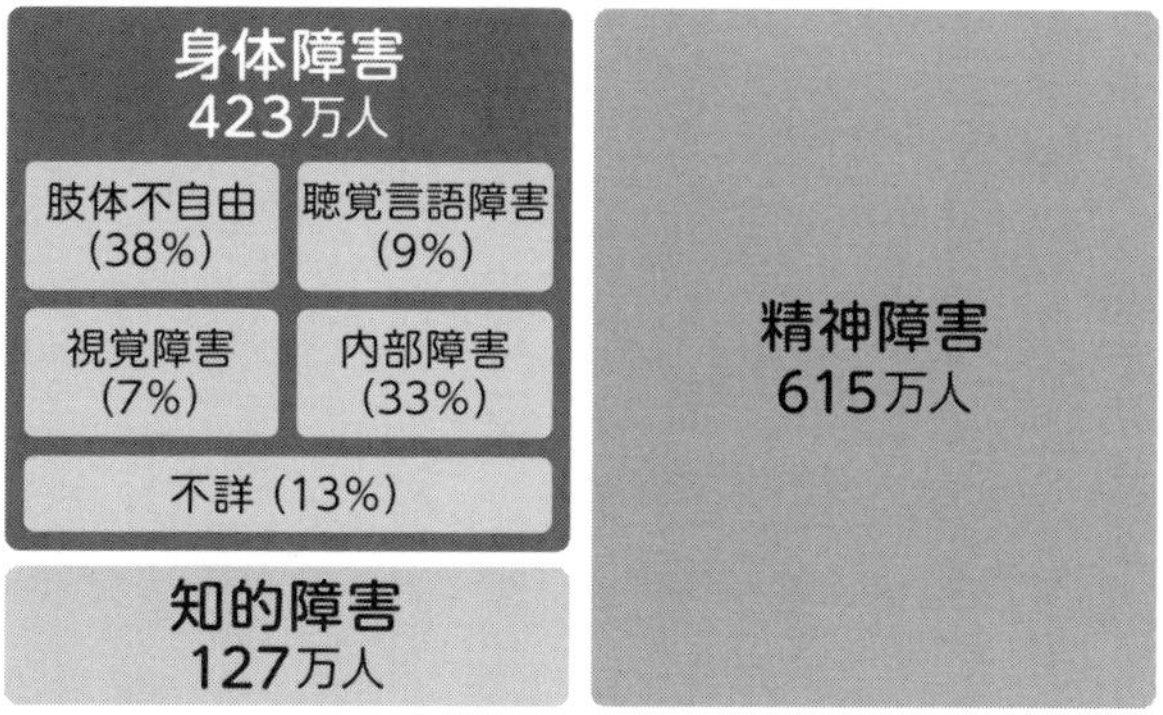

(出所) 厚生労働省「生活のしづらさなどに関する調査」(2022年)

そんな努力が実を結び、いつの間にか「障害者の市場のことならミライロに聞こう」と言ってくださる企業が増え、依頼内容も広がりをみせていきます。当初は少数のモニターに製品やサービスの改善点を伺う調査が主でしたが、その前の設計段階から関与させてもらうケースや、1000人以上の大規模調査を実施するケースも増えてきました。

　調査結果を伝えて終わりではありません。結果を分析して、どうすればもっと良くなるのか、新たな可能性をどこに見出すのかなど、次の意思決定につながる提案をできるのが私たちの強みだと思います。

　ミライロ・リサーチの調査方法は、定量調査と定性調査の大きく二つに分かれます。定量調査は、対象者にメールなどで回答依頼を送るウェブアン

インクルーシブな開発

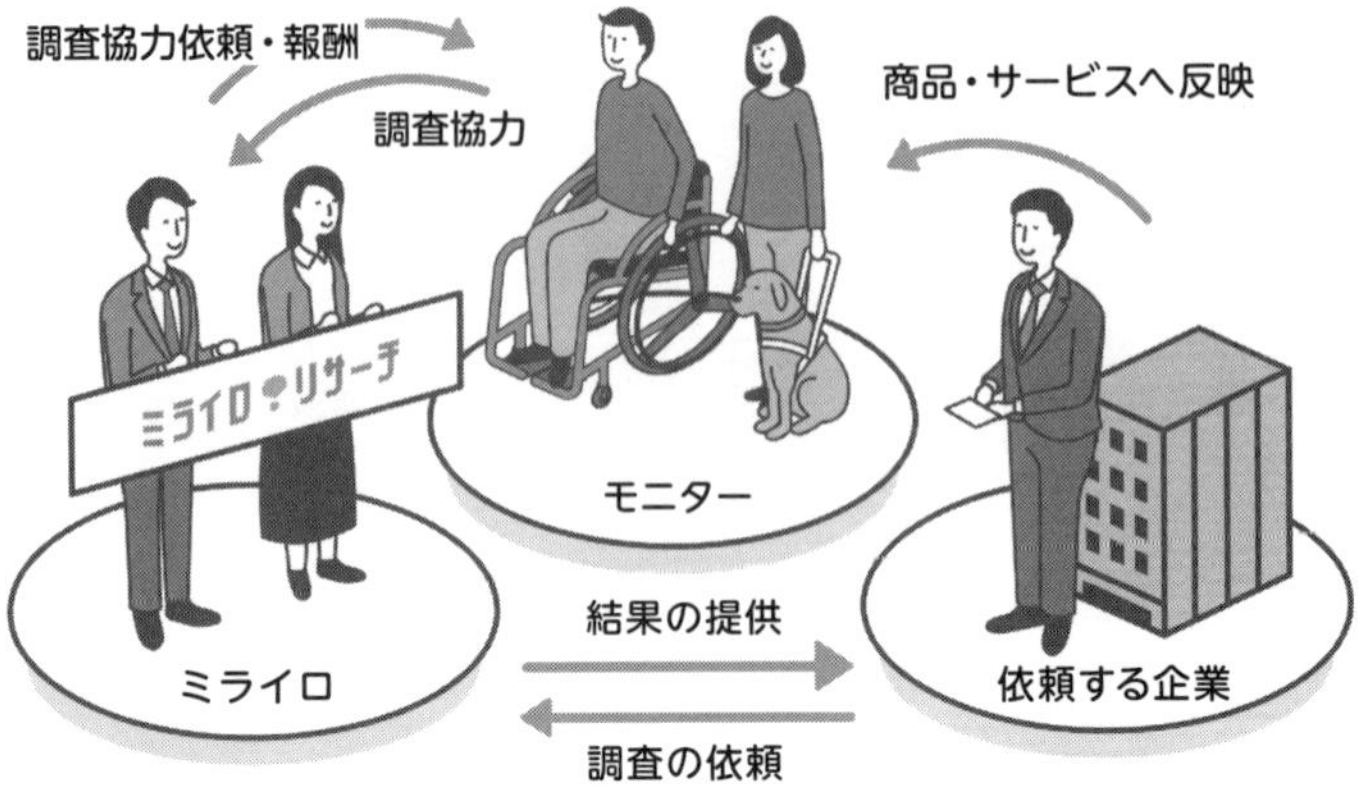

- **肢体不自由**
  機能（上肢／下肢障害など）
  状況（等級・先天性／後天性など）
  補助器具（手動／電動車いす・装具など）

- **視覚障害**
  程度（全盲／弱視など）
  状況（等級・先天性／後天性など）
  補助器具など（白杖／単眼鏡／盲導犬など）
  利用機器（iPhone ／ Androidなど）

- **聴覚障害**
  程度（全ろう／難聴など）
  状況（等級・先天性／後天性など）
  補助器具など（補聴器／聴導犬など）
  手段（手話／口話／筆談など）

- **その他**
  内部障害、精神障害、知的障害など

ケートで、配信対象者は13万人（2024年6月時点）にのぼります。

障害の種別も、肢体不自由、視覚障害、聴覚障害、内部障害、精神障害などと多様です。

一方の定性調査では、モニターの方々に製品やサービスを使ってもらい、使用感や課題、改善要望などをヒアリングするインタビュー調査などがあります。

困りごとに眠るビジネスチャンス

ミライロ・リサーチがこれまで携わった事例を、いくつか紹介しましょう。ナイガイの「みんなのくつした」は、障害種別ごとの困りごとに着目したマーケティングから生まれました。

誰もが着用する靴下ですが、それだけに障害者は、日々の小さな困りごとに頭を悩ませています。私のような車いすユーザーの中には、慢性的な足のむくみや冷えを抱える人が多くいます。

こうした声を受けて開発されたのが、ふんわりした履き口で足を締め付けない靴下です。ウール混で冬でも暖かなタイプと、優しい肌触りのオーガニックコットンタイプがあり、

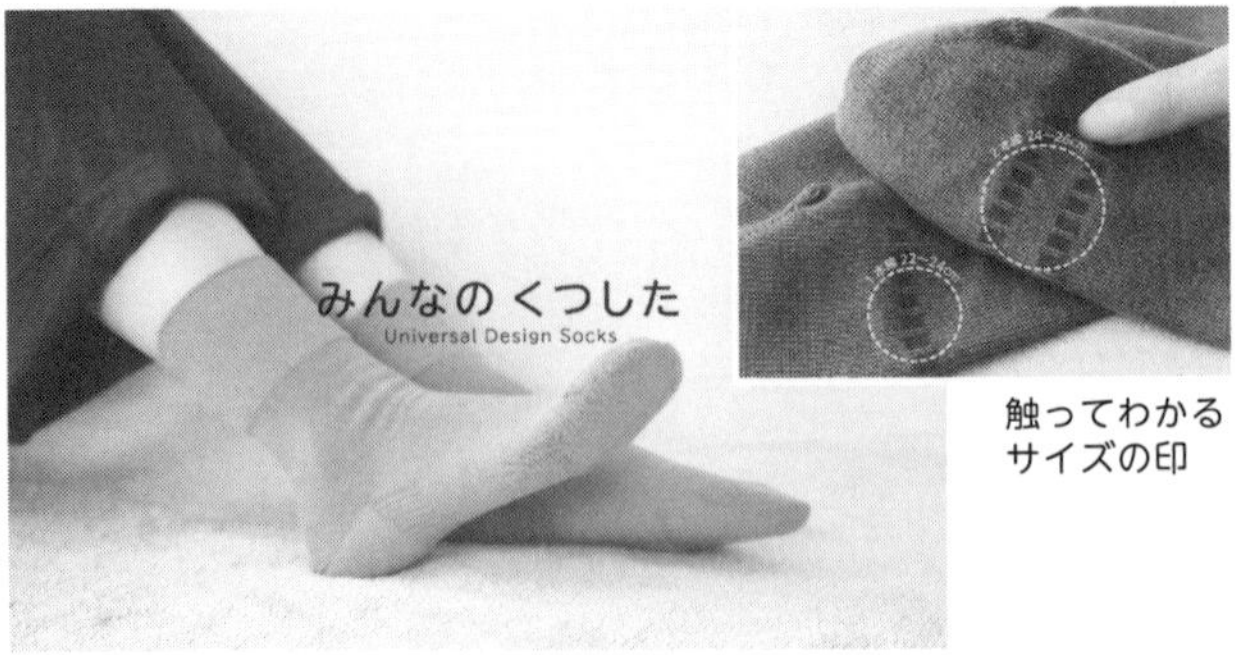

触ってわかる
サイズの印

ユニバーサルデザイン・ソックス「みんなのくつした」
（提供：ナイガイ）

年間を通じて人気があります。

同じ靴下でも、視覚障害者は洗濯後にペアを探すのに苦労していることが、モニター調査の結果でわかりました。触っただけでは色柄はもちろん、サイズの違いを判断するのも難しいものです。自身の分だけならまだしも、家族の分まで含めると左右を正しくセットするのは至難の業です。そこで足裏部分に、指で触って確認できる小さなマークを入れることにしました。一本線は22～24センチ、二本線は24～26センチ。これならサイズが違うものを間違えてペアにしてしまう心配はありません。

もう一つは、ＬＩＸＩＬの換気機能付窓です。自宅のドアを開閉して出入りする、玄関で靴を脱ぎ履きする、トイレや洗面台を利用する、窓を開け閉めする。そんな日常の動作に、障害者は不便さを感じています。

こうした課題について、ＬＩＸＩＬは製品だけでなく、空間設計の面からも積極的に取り組んでいます。リモコンのボタン一つで自動開閉する玄関ドアや、車いすに座ったまま全身をお湯で包み込まれる感覚を味わえるボディハグシャワーなど、先進的なユニバーサルデザインの製品を多く発表しています。

ＬＩＸＩＬから相談をいただいたのは新型コロナウイルスとの共存、ウィズコロナが叫ばれるようになった２０２０年のことです。それぞれの職場や日常において新しい生活様式が取り入れられる中、室内に漂うウイルスなどを外に出してきれいな空気を取り込むこまめな換気が、最も基本的かつ重要な感染防止対策として注目されていました。

しかし、肢体不自由者や視覚障害者、握力が低下した高齢者などの場合、窓の位置や大きさ、家具の配置によっては開閉が難しいことがあります。長く窓のユニバーサルデザインに取り組んできたＬＩＸＩＬでも、改めて障害者や高齢者の窓とのかかわり方を深く理解するため、ミライロ・リサーチを活用いただくことになったのです。

プロジェクトは窓にまつわる課題を把握することから始まりました。２５０名の障害者を対象に定量調査を行い、どんなことを求めているのか、その必要度合いはどれほどなのかを、障害の種別ごとに確認しました。

すると、車いすユーザーからは、窓の前まで移動したり、鍵に手が届くように車いすの位置や向きを調整するのが大変。そもそも鍵の位置が高くて届かないので、棒などを使ってなんとか自力で操作している、といった声が上がりました。また、上肢に障害のあるモニターからは、握力が弱いために鍵の解除や窓の開閉に苦労するという回答も寄せられました。

さらに、ストーマ(人工肛門・人工膀胱)を造設したオストメイトや、トイレに移動するのが難しくて居室でポータブルトイレを使用している方などは、臭いに悩まされていることがわかりました。こまめな換気が必要なのはわかっていても、室内温度を管理するためには長い時間、窓を開けたままにはできないし、プライバシーも気になります。

こうして、障害者の多くが窓に対して何らかの課題を感じていることが調査を通じて明らかになったのです。

「換気をしたくても自分では難しく、ヘルパーやご家族に頼まざるをえない。そんなもどかしさを抱えている現状を知り、新製品を通じて少しでも多くの方に安心を提供したいと改めて強く感じました」。ＬＩＸＩＬの担当の方は、そう言って調査の手応えを評価してくださいました。

続いて開発段階の製品評価も行いました。フィルターで砂やほこりの侵入を防ぎながら新鮮な空気を取り入れ、ファンを使って効果的に排気することにより、窓を開閉しなくても24時間換気が可能になるという新製品のコンセプトは、多くのモニターから好評でした。

窓を開けずに換気ができる「換気機能付窓」
（提供：LIXIL）

その一方で、ファンの作動音や設置のための費用を気にする声も聞かれ、開発の最終工程に生かされることとなりました。

さらに、このプロジェクトでは、製品を発売するに際して、必要な方に必要な情報を届けるための情報発信についてもお手伝いをさせていただきました。どうすれば窓とのかかわりに課題を抱えている障害のある方に、新製品の存在を知らせて良さを理解してもらえるのかを、モニターの意見を聞きながら考えたのです。

浮かび上がったのは、ユニバーサルデザインや障害者向けであることを前面に打ち出した製品に対する違和感でした。「不快感はないけれど、過剰に感じることがある」「障害者といっても、状況や困りごとは一人ひとり違う。一括りにまとめられると、かえって誰向けのものなのかがわかりにくくなってしまう」といったものです。

窓が開け閉めできなくても換気ができる。外出中も換気が続くので、忙しい人や留守がちの家庭にも最適。そんな誰にとってもやさしい製品であることを、しっかりと伝える表現が良いのではないか。広告などのビジュアルには車いすユーザーを登場させて、使用場面をイメージしてもらいやすくしてはどうか。そんな意見が聞かれ、実際のPRにも取り入れていただきました。

「直接話をうかがうことで、発信する情報がどのように受け取られるのか、という学びになった」。この担当の方の言葉は、私たちにとって励みになるものでした。当事者の声を直に聞くことの価値を改めて実感できたからです。障害のある方の声やニーズに対する企業の関心は、ますます高まり、障害者の視点がより良い未来に向けて活かされ始めています。

完璧なバリアフリーは必要ない

ソニーグループが、2025年度までにすべての商品やサービスを障害者や高齢者に配慮した仕様にすると発表して話題を呼びました。SDGsの文脈だけでこのニュースを受け止めると、本質を見誤る可能性があります。

いうまでもなく、社会貢献の側面はありますが、より重要なのは、障害者や高齢者に配慮した製品やサービスは、それ以外の人にとっても求められる点が多く、事業としてのポテンシャルも大きいことです。ソニーグループとしては、経済的価値と社会的価値の両方を追求するための、ごく自然な判断だったのではないかと思います。

私たちが、これから力を入れていこうとしているのが、このインクルーシブデザインの領域です。これまで企画、開発、設計などのデザインの過程から排除されてきた、障害者、高齢者、外国人などをプロセスの初期から積極的に巻き込んで、一緒に製品やサービス、施設をデザインしていこうという考え方です。

ナイガイやＬＩＸＩＬはまさにその一例で、個別の製品・サービスはもちろん、今後はより上流の設計思想のところからミライロとしてかかわっていきたいと考えています。

施設のバリアフリー化は、さまざまな業種業態で進んでいます。ハピネスパークなどの霊園を運営する大阪の西鶴では、車いすユーザーや移動面に不便を感じる方もアクセスがしやすい霊園の開発を進めています。

私の祖父母の墓は、通路が砂利道となっており、水を汲む場所も遠いため、一人で墓参りに行くことが叶いません。同様に、障害者や高齢者の中には、墓参りに行けずに困っている人が多くいます。そのため、西鶴の作る霊園は多くの方々に求められ、関西から全国

ホテル客室のバリアフリー対応の情報開示

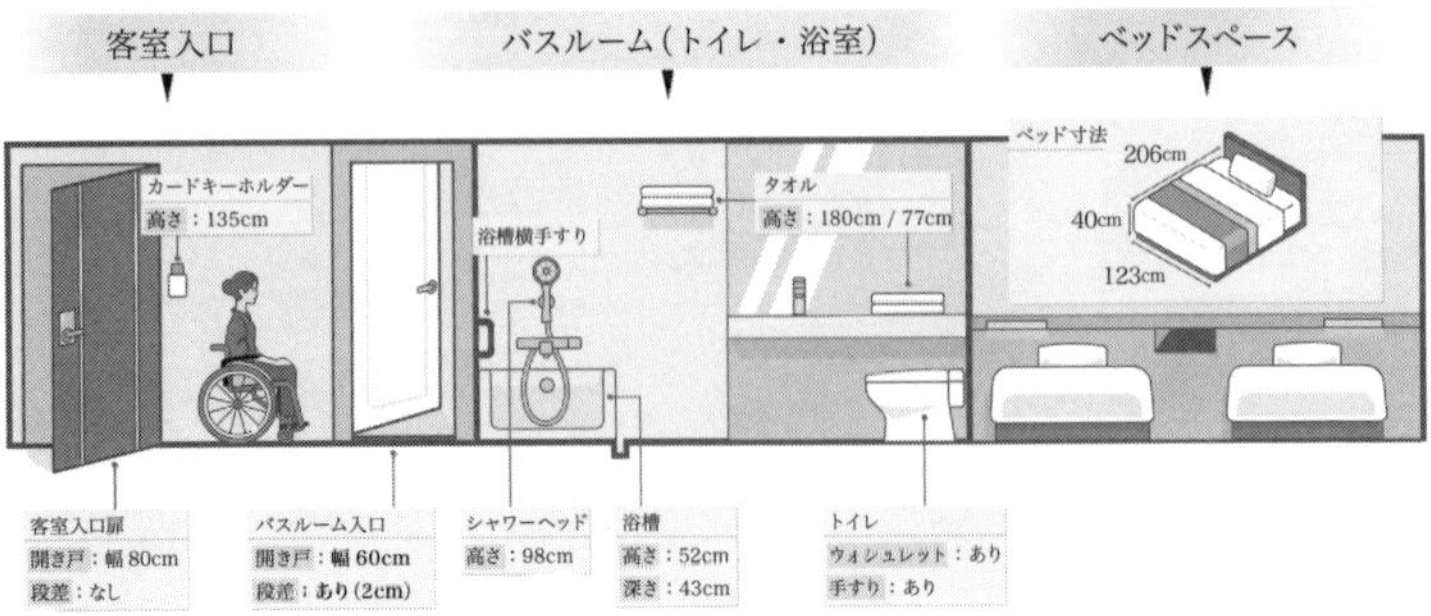

（注）2023年12月時点。　（提供：ロイヤルホテル）

へ広がりつつあります。

重要なことは、バリアをなくすのではなく、最初から作らないことです。たとえば、新しいオフィスを作る、新しい店舗を作るという場合に、企画設計の段階から配慮しておけば、最初からバリアフリーの環境を実現することができます。しかし、後から改修をしようとなった場合は、多額の投資が必要になってしまいます。改修する際には、構造上、対応が難しいこともあります。

どうしてもバリアが残ってしまうのであれば、それならそれで手立てがあります。情報開示をすることです。たとえばホテルの場合、客室の断面図、平面図、どちらもウェブ上で開示します。

浴槽の深さやベッドの高さがわかれば、宿泊できる部屋かどうか判断することができる人は多くいます。情報開示によって、選択肢を提示することが可能となります。店舗やオフィスがどんな状況なのかということを詳らかにすることが重要です。

視点、経験、感性をうねりに変える

社会が自分たちの声を必要としている実感は、モニターの方々の励みにもなっています。日頃感じていることや、こんな機能やサービスがあればいいのにといった意見に、企業が耳を傾け、もっと聞かせてほしいと頼まれる。それもボランティアではなく、しっかりと報酬を得られることが、障害者の声に価値がある何よりの証です。

ミライロ・リサーチのモニター報酬は、一般的な水準より高めに設定しています。これだけの母数を誇る障害者モニターの基盤は世界でも類を見ず、考え抜かれたアンケート設計やノウハウを結集した分析手法にも自信があります。すべての起点であるモニターの皆さんには、その価値にふさわしい報酬が支払われるべきだと考えるからです。

障害を価値に変えて、自分らしい働き方で収入を得る人が増えれば、障害者をめぐる制度やビジネスも大きく変わっていくはずです。障害者みなが支援を受ける側、福祉の対象者ではなく、ビジネスで大きな成功を収める人や、誰も考えつかなかった事業やアイデアで社会を驚かせる人が出てくるはずです。

なかには、働きたくても働けない人もいて、私自身もいつそういう状況になるかわかりません。だからこそ、できるときに、仕事をする喜びや目標に向かって前進するやりがいを目一杯味わいたい。働くのをためらう障害のある方にも、勇気を持って一歩踏み出して仕事で報酬を得る達成感を味わってほしいし、その受け皿としてミライロ・リサーチをもっと拡大していかなければならないと思っています。

モニター数の多さを述べましたが、それでも障害者全体から見ればほんの一部にすぎません。ましてや、障害者手帳を取得していないものの、身体や心に不自由さを感じている人まで含めれば、もはやマイノリティとは呼べない数になります。

その人たちの声にどこまで寄り添えるかが重要です。より多くの人のバリアをバリューに変えて、大きなうねりを起こし、社会変革の原動力にしたいと考えています。

コミュニケーションのバリア

障害があることで必要な情報が得にくい「情報格差」に悩んでいる方は大勢います。たとえば、テレビ番組で気象や災害に関する速報が流れても字幕だけだと、視覚障害者は必要な情報を入手できません。また、問い合わせ窓口が電話しかない企業の場合、聴覚障害者は困ってしまいます。

2022年5月には国や自治体に対して、こうした情報格差をなくし、すべての障害者が等しく情報を取得できるよう義務づける「障害者情報アクセシビリティ・コミュニケーション施策推進法」が施行されました。国や自治体が対象とされたのはその公共性、特に生命や安全にかかわる場面が多いためです。

第2章で触れたとおり、東日本大震災では障害者の死亡率は健常者の2倍となりました。そこには、危険が迫っていることや避難指示などの情報を得られなかったために亡くなった視覚障害者や聴覚障害者も含まれます。

2024年4月に施行された改正障害者差別解消法では民間企業に対しても、不当な差別的取扱いの禁止と合理的配慮の提供が義務づけられています。手話通訳サービスがないという理由で問い合わせ対応を怠ることや、会議やイベントで音声以外の情報提供をしないことは、法に違反していると見なされる可能性があります。

そうした課題を解決すべく、聴覚障害者と企業をつなぐためのサービス「ミライロ・コネクト」を提供しています。これは、①企業向けの情報保障コンサルティング、②聴覚障害者のコミュニケーションの支援、③手話講座の三つからなります。

2017年にこの事業を始めるにあたっては、社内で意見が分かれました。その大きな理由は、②の聴覚障害者のコミュニケーションの支援にありました。

具体的には、会議、研修、イベントなどに手話・文字通訳を派遣するほか、タブレット端末を用いた遠隔手話通訳サービス、聴覚障害者との会話をオペレーターが通訳する電話リレーサービス。そのどれもが聴覚障害のある方に言葉を届けたい企業にとって、そして、何よりも聴覚障害者にとってなくてはならないものです。

たとえば、医療機関を訪れたけれど通訳者がいないため、コミュニケーションが取れずに受診できなかった、などということは避けなければなりません。ましてや、事前に手話通訳サービスがあるのを調べたうえで足を運んだのに、利用できなかったとなれば大問題です。

つまり、ミライロとしてこの事業を行う以上、正確な情報を遅延なく一人ひとりの利用者へ確実に届ける責任があります。このことは、バリアフリーマップ、ユニバーサルマナー検定、ミライロ・リサーチなどの企業向けサービスを行ってきた私たちにとって、大きな覚悟を要するものでした。

ミライロ・コネクトの利用場面

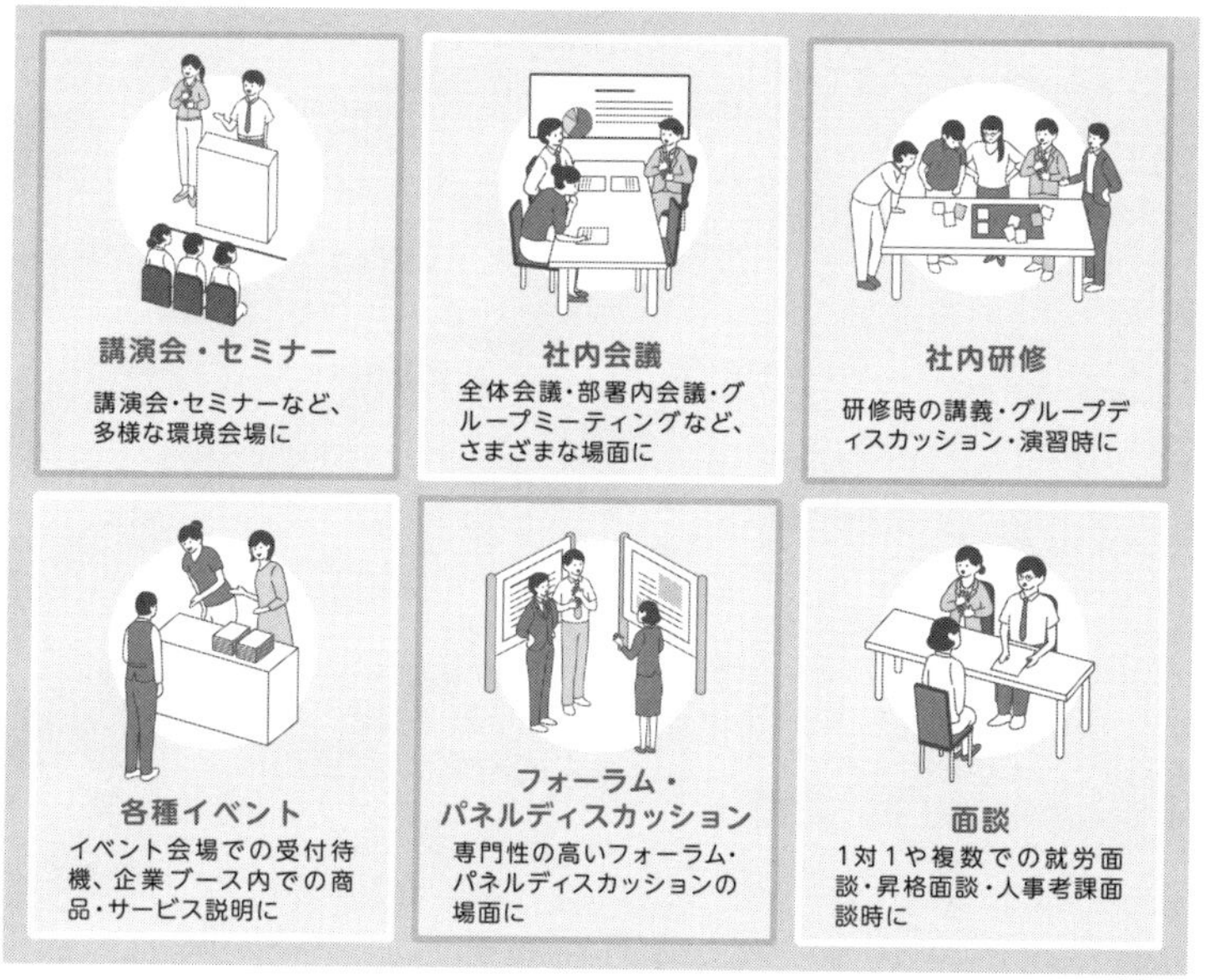
講演会・セミナー
講演会・セミナーなど、多様な環境会場に
社内会議
全体会議・部署内会議・グループミーティングなど、さまざまな場面に
社内研修
研修時の講義・グループディスカッション・演習時に
各種イベント
イベント会場での受付待機、企業ブース内での商品・サービス説明に
フォーラム・パネルディスカッション
専門性の高いフォーラム・パネルディスカッションの場面に
面談
1対1や複数での就労面談・昇格面談・人事考課面談時に

　この事業の発案者である民野は、絶対に今やるべきだと頑なに主張しました。障害者の選択肢を増やして、どこへでも自由に出かけられるようにするという目標を掲げながら、こんなに大事なことを見過ごしてよいのか。すぐには難しくとも、事業として大きな可能性も秘めている。聴覚障害者のコミュニケーション支援はいつか国の制度として導入されるだろう。

　そうなれば手話・文字通訳者やサービスを提供する事業者が不足することも考えられる。通訳者とのネットワークを築き、ノウハウを蓄積するためにも、他社に先駆けて事業化に踏み切るべきだというのが彼の主張でした。

私は共同創業者である民野が立案する戦略やその進め方を信頼しています。だから、このときもすぐに事業開始のGOサインを出しました。予想どおり、最初はなかなか軌道に乗らず、業績に貢献するまでには至りませんでした。

しかし、2020年12月に「聴覚障害者等による電話の利用の円滑化に関する法律」（電話リレーサービス法）が施行されたことで、風向きが変わります。

この法律により、聴覚障害者との会話を、手話や文字から音声へ、また音声から手話や文字へ通訳することで双方向につなぐ電話リレーサービスが、公共インフラとして制度化されたのです。

テレビCMも放送されて認知度が向上したこともあり、聴覚障害者がいつでも必要な情報へ簡単にたどり着き、必要なコミュニケーションを取れるようにする「情報保障」に取り組む機運が高まっていきました。

すると、民野が予測したように、通訳者の不足が問題になります。それも単に数の問題にとどまりません。通訳が必要なシーンの中には、機密性が求められるケースがあります。

たとえば、企業の社内研修や全社集会のようにそもそもクローズなもの、株主総会や新商品の発表のようにオープンではあるけれど、事前に資料提供を受けて通訳者が準備するもの、などです。

こういう場合、通訳者個人の技能はもちろん、通訳者を派遣する企業自体の信頼性が厳しく問われることになり、ミライロはそれに応えることができました。私たちが時間をかけて通訳者を育成してネットワークを築き、顧客企業からの信用を積み重ねてきたことが、法施行をきっかけに大きく花開いたのです。

「出かけられる」と「出かけたい」の違い

障害者に限らず、高齢者、女性、ＬＧＢＴＱ＋など、多様性への配慮について考えるとき、当事者視点と客観的な視点の両方が欠かせません。本人と家族などのごく身近な人しか知りえない気持ちやニーズをしっかりと汲み取り、制度や施策に反映すること。その一方で、俯瞰でしか気づけない点に着目し、専門家の知見を借りてより良い選択につなげること。この二つは矛盾せず、どちらも同じくらい大切です。

現状、制度設計やルールを取り決める際に、当事者が置き去りにされるケースが珍しくありません。一人ひとりの話を聞くより、現場をよく知る（とされる）誰かが、みんなの声を代弁したほうが効率的だからでしょう。でも、当事者以外の誰かが当事者になりかわることは、基本的にはできません。当事者の言葉には、どんなに優れた専門家も敵わない真実が込められています。

私たちも、迷ったら当事者に聞くことを徹底して続けています。そもそもミライロが展開する事業やサービスは、当事者である障害者の視点から開発されたもので、事業開始後もことあるごとにユーザーやモニターの声を取り入れるようにしています。だから、バリアフリー地図アプリのＢｍａｐｓが伸び悩んだときもその定則に従いました。

リリース以降、順調にバリアフリー情報の数とユーザー数を伸ばしていたＢｍａｐｓの課題に気づいたのは、事業の運営を担ってきた井原充貴でした。アプリの存在が知られるようになり、２０２１年夏の東京オリンピック・パラリンピックに向けてバリアフリー化の機運が高まるにつれ、企業や施設関係者からの投稿はうなぎのぼりに増えていきました。

その一方、ユーザーである障害者からの投稿が伸び悩むようになっていたのです。それはつまり、障害者の外出が思ったようには増えていないことを物語っていました。

「行きたい場所へ行くための情報が簡単に手に入るようになった。でも、外出につながらない。どうすればよいのでしょう」

ある日、井原に問いかけられたとき、私にはいくつかの仮説がありましたが、こう返しました。

「わからないことがあれば当事者に聞くしかない。ユーザーの声を聞かせてもらおう」

そこから調査が始まりました。

●Ｂｍａｐｓを利用して、実際に出かけたことはありますか？
●過去半年で何回、Ｂｍａｐｓを利用して外出しましたか？
●どこに行きましたか？
●事前の情報と実際のバリアフリー状況に違いはありましたか？
●何か困ったことはありましたか？

こうした問いかけから見えてきたのは、目的とする外出先以外の問題点でした。

聴覚障害者が、何カ月も前から楽しみにしていたテーマパークに出かけたとします。施設全体のバリアフリー情報やアトラクションごとの利用制限は、公式サイト内のガイドブックでしっかり予習していたので、現地で戸惑うことは何もなかった。一部のアトラクションについては、首から下げて持ち歩く小型端末に台詞が字幕で表示されるほか、手話通訳付きのアトラクションもあったので、一緒に行った友人と同じように楽しむこともできた。その他にも施設内の移動、食事、ショッピングなどの至るところに、精一杯のもてなしの心や配慮があふれていて心から楽しむことができた。テーマパークそのものは、大満足だった……。

障害者手帳が抱えていた課題

問題はその前後。移動の際に乗ったバスでは、見えづらいという理由で何度も障害者手帳の提示を求められ、後ろに並ぶ乗客に嫌な顔をされた。前泊したホテルでは、受けられるはずのサービスを受けられないと言われ、フロントスタッフが本社に確認している間、立ったまま待たされた。お土産を買いすぎたのでタクシーに乗って障害者手帳を出したうえで行き先を告げたら、運転手が返事をしてくれなかった……。

仮にこんなことが続いたら、いくらテーマパーク自体は楽しくても、次に出かけるのを躊躇してしまうでしょう。

思い過ごしの可能性もあります。バスの運転手は、横をすり抜けるバイクに気を取られたせいで、もう一度見せるように頼んだだけかもしれません。後ろの乗客は、何かしらのトラブルで気が立っていたのかもしれません。ホテルのフロントスタッフは、新入社員で不慣れなうえ、緊張して、「お掛けになってお待ちください」の一言が出なかった可能性もあります。タクシードライバーの中には、長距離だろうと深夜料金だろうと気持ちの良い返事をしない人も、ごく少数ですが存在します。

テーマパークの前後に感じたモヤモヤは障害者に限ったことではないものの、その頻度が高いことは否定できません。だいぶ減ってきたとはいえ、タクシーやバスの乗車拒否は私自身、何度も経験しています。

乗車拒否自体は慣れたことなので驚きも怒りも感じませんが、一人でなく誰かと一緒だと、「自分のせいで」と申し訳ない気持ちになります。ましてや、同伴者が傷ついた様子でいると、私も悲しくなります。

こんなふうに、はっきりとした理由もなく申し訳なさを感じたり、「すみません」と誰かに謝ったりする場面が、障害者は健常者に比べて多くなりがちです。だから中には、残念なことに遭遇するとそこに故意や悪意を感じ取り、人と触れ合うのが億劫《おっくう》になってしまう人もいます。

目的地だけでなく、その前後も含めたバリアフリー、とりわけ意識のバリアフリー化が進み、家を出てから帰るまでの時間を快適に過ごせない限り、障害者の社会参加はこれ以上増えない。それがＢｍａｐｓの課題整理を経て、私たちが立てた仮説でした。

とは言っても、まるでその気がない人にユニバーサルマナー検定を取得してもらうわけにもいきません。ならば障害者が、少しでも「すみません」といった気持ちを抱かないようにすればいい。相手が変わらないなら、こちらが変わればいい。

「すみません」が発せられるシチュエーションを分析していくと、障害者手帳を見せるときに多いことがわかりました。プロローグでもお伝えしたように、従来の障害者手帳にはさまざまな問題点がありました。

発行するのは国ではなく自治体で、大きさも様式もバラバラ。その数は実に２８３にものぼります。精神障害者保健福祉手帳は有効期限と更新があるものの、身体障害者手帳と療育手帳には原則、期限が定められていません。よって、子どもの頃に発行された手帳には、大人になっても当時の写真が貼られていて、本人かどうかを確認するのは困難です。

長年にわたって持ち歩くので、当然のことながら劣化もします。ページをめくって中を開かないと必要な情報が得られず、確認には時間がかかります。焦って見せたり、バッグにしまったりするので紛失してしまうことも。こうして数えれば、問題点はキリがありません。

これは、障害者手帳そのものが悪いわけではなく、制度ができた当時の目的や環境と、現在のそれとが大きく変わったことで実態に合わなくなっているだけです。

日本の障害者手帳は戦後の傷痍《しょうい》軍人を保護する目的で作られたもので、区分などが細かく設計され、身分証としては高い完成度を持ちます。しかし、その出自からして子どもから大人まで多様な障害のある人が、生活のさまざまな場面で使うことはもともと想定されていません。

よって、現代の障害者にとって使いにくいのは、言ってみれば当然のことです。そこにサービスや割引を受けさせてもらうといった、本来ならば感じる必要のない負い目が加わると、もはや使う気がなくなってしまっても不思議はありません。

私自身、障害者手帳に対して複雑な思いを抱いてきました。幼い頃は「電車やバスの料金が割引される特別なパス」くらいにしか思っていなかったものの、周囲を見回せば友達は誰も持っていない。そもそもこれは何なんだ。そう思った私は中学生のとき、インターネットで障害者手帳の成り立ちや定義を調べてみました。

「すべて身体障害者は、自ら進んでその障害を克服し、その有する能力を活用することにより、社会経済活動に参加することができるように努めなければならない」（身体障害者福祉法　第2条）

「『身体障害者』とは、（中略）都道府県知事から身体障害者手帳の交付を受けたものをいう」（身体障害者福祉法　第4条）

難しいことはわかりませんでしたが、障害者はかくあるべきというレッテルを貼られ、生き方を決められているような気がしたのを覚えています。それ以来、障害者手帳を持つことに抵抗を感じるようになりました。

私が障害者手帳を使おうと思ったのは、ミライロを立ち上げて5年ほど経った頃。当時付き合っていたパートナーと旅行に行くことになったときです。費用は全部自分持ち、と気前よく行きたいところですが、私にそんな余裕はありませんでした。そこで、障害者手帳を使って交通費の負担を減らそうと考えたものの、彼女にケチっていると思われるのは避けたい。ためらっている私の様子を察し、彼女はこう言いました。

「使わなきゃダメだよ。手帳のおかげでいろんな場所へ行って、講演やバリアフリーの調査ができれば、それは社会のためになるよね。割引を受けられるのは社会から応援されているってことなんじゃないかな」

障害者手帳と距離を置いてきた私にとって意外な言葉でした。そうか、そんな考え方もできるのか。彼女のおかげで、目にするのも嫌だった障害者手帳への強張った思いが少しほぐれた気がしました。

結論から言えば、その旅行で手帳を使うことはありませんでした。障害者であるという現実を改めて突きつけられるのに抵抗があったし、窓口で特別な手続きをしている姿を彼女に見られたくなかったからです。

今はもうそんなふうには思いません。自身の障害者手帳を見て嫌な気分になることはないし、それどころか多くの人に応援してもらっている証なのだと前向きな気持ちにさえなります。それでも障害者手帳を持ち歩くことが心理的な負担になりうると、私自身の経験からも理解できます。

実際、私たちがミライロ・リサーチのモニター約400人に行った調査でも、約7割が「取り出すのが手間」と回答しました。そこには物理的な意味だけでなく、心理的な負担も込められているはずです。このボトルネックを取り除けば、障害者手帳にまつわる課題が解消され、もっと外出を楽しめるようになるのではないかと考えました。

Ｂｍａｐｓは、出かけたくても出かけられない状態を解消するのに役立ちました。換言すると、マイナスの状態をゼロにしたのです。しかし、ここからさらにプラスに引き上げて、「行きたい、行ってみた、楽しかった！」の声を増やすには、障害者手帳のあり方を抜本的に変える新たなサービスが必要でした。

「障害者手帳を電子化する」。ある日の会議で見方によっては壮大、あるいは無謀とも言える構想を打ち上げた私に、一人の社員が言いました。

「でも、障害者手帳は自治体が発行しているんですよ。それをウチみたいなベンチャーが本当にできるんですかね？」

これを聞いた古参の社員は苦笑していました。無理だと言われるほど闘志が湧いて、後に引かなくなる私の性質を知っているからです。その目は、「やれやれまた始まった。でも、垣内が言うなら、本当にできるのかもしれない」。そう言っているように感じました。

弟につないだアプリ開発のたすき

障害者手帳をスマートフォンのアプリにするという方向性自体は、すんなりと決まりました。誰もがいつでもどこへでも持ち歩いているスマートフォンとは相性が良いと考えたからです。サービス名は「ミライロＩＤ」。これ一つで、障害の種別や等級、使用している福祉機器を証明し、気軽に外出できる未来を想像しました。

プロトタイプはそれまでと同様、私自身の手で作りました。開発資金は限られているし、外部との要件定義にああだこうだと時間を使うよりも、手を動かしながら考えたほうがイメージに近いものが短期間でできるという判断です。そうは言っても、平日の昼間はそんな「副業」に使える時間はないので、休日、近くのカフェや喫茶店にこもって作業に没頭しました。

こだわったのは「自身が日常的に使っている姿をイメージできる」アプリでした。障害者手帳をアプリにすることは、毎日ないしは週２、３回は使うアプリにするのと同義です。

頻繁に使うことを考えれば、機能をあれこれ詰め込むことなくシンプルにする必要がありました。加えて、障害者手帳を使う場所は多岐にわたります。駅、空港、店舗、あらゆる場面を想定し、負担なくサッと使えるかを意識し、UI／UXを検討しました。

開発には、同じ障害がある私の弟・垣内隆文も携わりました。もともとはミライロでバリアフリーに関するコンサルタントとして活動していましたが、体調を崩した時期があり、在宅勤務が可能なシステム開発を担当するようになりました。それまでプログラミングの勉強をしたこともなかったのに、わずかな期間でスキルを修得し、一般的なエンジニアのレベルを上回るまでになったのには驚かされました。

ミライロＩＤの開発では、隆文の存在に何度となく助けられました。なにしろ「この動きがちょっと気になる」とか、「もっと直感的に伝わるデザインにしたい」とか、言葉にしにくい微妙なニュアンスが簡単に、そして完璧に伝わります。それはもちろん、彼に同じ障害があることも影響しているのでしょうが、やはりＤＮＡなのだと思います。私の意を汲みながら、ものすごいスピードで開発を進めてくれました。

コンサルタントとして生き生きと働いていたのに、障害が理由でその道も閉ざされたとき、自暴自棄になってもおかしくなかったと思います。それを腐らずに、今の自分にできること、障害を強みに転換できる道を探し、努力を惜しまずスキルを身につけたのだから、わが弟ながら頭が下がります。

隆文は表に出るのを嫌い、私が外で彼の話をするのも好みませんが、ミライロＩＤの誕生に大きく貢献したことは揺るぎない事実です。きっと、ここで紹介することくらいは許してくれるでしょう。

地道な努力の末に得られた政府の協力

プロトタイプができたところで、肢体不自由、視覚障害、聴覚障害、内部障害、精神障害などがあるミライロ・リサーチのモニターの方々に使ってもらいました。すると、さまざまな障害を考慮したつもりでも、ありがたくも厳しい意見が次々と寄せられます。改善してはテストをする、その繰り返しの日々でした。

一方、井原をはじめとする社員たちは、全国の自治体が交付する障害者手帳のフォーマットを調べてまわりました。何がどこに書かれているのかがわからなければ、アプリに取り込むこともできないからです。

その数、実に２８３種類というのは先に述べたとおりですが、当初はどこにどれだけあるかの見当もつかなかったのです。政府も把握しておらず、都道府県、指定都市・中核都市に電話をかけたり、直接足を運んだりして情報を集める以外に方法はありませんでした。「障害者手帳のデジタル化を目指して、開発を進めているところです。そちらで交付しているフォーマットを提供していただけないでしょうか」。そう切り出すと、半分くらいの確率で協力してもらえました。

なかには一民間企業、それも聞いたこともないベンチャー企業に、そんな情報は提供できないと断られるケースもありました。それでも数多くの自治体が協力してくれたのは、私たちと同じような問題意識を持っていたからだと思います。

なんとか100以上のフォーマットを入手できましたが、そこから先が進みません。警戒心の強い自治体の壁を突破できなかったのです。

そこで、私たちは厚生労働省の門を叩くことにしました。デジタル障害者手帳の意義とこれまでの経緯を説明すると、担当の方は共感してくださり、自治体に対する調査にも協力してもらえることになりました。

それからは驚くほど早く話が進みました。何度も跳ね返されていた開かずの扉が次々と開き、フォーマット数が明らかになっていったのです。その結果、判明したのが283という数字でした。皆さんの後押しがなければ、ミライロＩＤは今と違う形になっていたかもしれません。

私が誰よりも感謝しなければならないのは、ミライロの社員たちです。障害者手帳を発行している自治体をリストアップして、上から順に来る日も来る日もひたすら電話をかける。その地道な努力がなければ、政府も動いてはくれなかったはずです。

気が遠くなるような作業の先に何が待っているのか。実現すべき未来が共有できていたからこそ、がんばってくれたのだと思います。

デジタル障害者手帳のリリース

フォーマットが集まり、それをアプリ開発に反映したことで交付サイドの情報はカバーできました。

しかし、いくら私たちやユーザーである障害者が、これがデジタル障害者手帳ですと言ったところで、割引サービスなどを提供する事業者側に、従来の手帳しか認められないと言われれば、それでおしまいです。どうしたら認めてもらえるか、また試行錯誤が始まりました。

総論賛成、各論反対とはこのことかと、身をもって学んだのはこのときです。鉄道会社やタクシー会社などに何度も足を運び、デジタル化されれば確認作業の負担が減ります、費用は一切かかりませんとお話しすると、「それはいいね」と言ってもらえるのですが、その先がありません。他(同業他社)はどうしているのか、システムトラブルが起きたらどこが責任を負うのか、そもそも自治体に代わってベンチャー企業が障害者手帳を扱ってよいものなのか……。導入を見合わせる理由はいくつも出てきました。

ミライロIDは、ミライロが発行する障害者手帳ではありません。自治体が交付する障害者手帳の情報や、ユーザーが使っている福祉機器の仕様などを登録することで、障害者手帳の代替手段として使えるようにするものです。

私たちが自治体に代わるわけでもないし、他にもっと優れたアプリやツールを提供する企業が出てくれば、多くのユーザーはそちらに乗り換えるかもしれません。ただし、開発当時はもとより、この本を書いている2024年時点でも、私たち以外に障害者手帳の電子化を実現させたところは存在しません。

なぜどこも手がけようとしないのか。フォーマット集めは大変でしたが、大企業が本気を出せばあっという間かもしれません。それでも私たち以外にやろうとしなかったのは、おそらく市場がニッチで、大きなビジネスにはならないと思われていたからでしょう。

障害者の市場が大きな可能性を持っていることは、これまで繰り返しお伝えしてきたとおりです。ただし、デジタル障害者手帳の機能そのもので、ユーザーや事業者からミライロがお金をいただくことはありません。この点を明確にしてきたからこそ、ミライロＩＤはここまで広がってきたのだと思います。

言うまでもなく、これは私たちの事業の柱であり、決して慈善活動ではありません。ビジネスにして儲けるからこそ、世の中に良いインパクトが与えられてそれを続けられる。これは起業するときに決めたことで、それ以来ずっと、良いときも悪いときも、その意味や重みを噛みしめてきました。

だから、もっと収益を上げたいし、ミライロの存在意義をもっともっと大きなものにしたい。その先に、バリア（障害）がバリュー（価値）に変わる未来が待っています。では、ミライロＩＤの収益モデルはどうなっているのか。その点については、この章の最後のほうで説明することにします。

さて、話を戻しましょう。一民間企業が手がけるデジタル障害者手帳を導入することに慎重になる理屈はわからなくはありません。しかし、そうした事業者の心変わりを待っていては、首を長くしてリリースを待ってくれているユーザー、早々に導入を決めてくれた数少ない協力企業に申し訳が立ちません。一日も早くサービスを世の中に出して、実際に使ってもらって価値を実感してもらう。それ以外にデジタル障害者手帳というこの新たな存在を、メインストリームにする道は考えられませんでした。

こうして2019年7月、デジタル障害者手帳、ミライロIDをリリースしました。協力企業に名を連ねたのは、西武鉄道、嵯峨野観光鉄道、日の丸交通、西武ハイヤー、西武バス、そしてアドベンチャーワールドを運営するアワーズの計6社でした。良いものは良いと認めて、リスクよりも可能性に目を向けてくれる企業の存在に、私たちは大いに勇気づけられ、背中を押してもらいました。

伝える力は貴重な経営資源

プレスリリースが出ると、さまざまな反響がありました。事業者からの問い合わせもありましたが、ほとんどはユーザーからのコメントでした。「こんなのを待っていた」「早速、ダウンロードして使ってみます」といった温かい言葉もたくさん寄せられましたが、最も多かったのは「6社でしか使えないのですか?」という声でした。もっともな反応です。私がユーザーでも、そう思うに違いありません。

「ご不便をおかけしていますが、これが始まりです。事業者への働きかけを続けて、多くの場所で使っていただけるように取り組みます。今後ともミライロＩＤをよろしくお願いします」。ユーザーからいただいた叱咤激励に、私たちはそう応え続けました。

その言葉どおり、協力してくれる事業者を探し、説明してまわりました。最重要ターゲットは鉄道会社です。障害者手帳が最も多く使われるシチュエーションの一つが、駅や切符購入の窓口だからです。

私は人前で話すことが決して得意ではありませんでしたが、起業すると心に決めたときから、伝えることは自身の生存戦略だと考えるようにしました。ビジネスコンテストやシンポジウム、あるいは、個別のプレゼンの席で、障害のある当事者かつ経営者でもある私の言葉は、ミライロそのものだと受け止められます。

だから、自身の講演を録画しては何度も見直し、常日頃、社員らにフィードバックをもらうなどして、話の内容や言葉選び、表情や手の動き、話すスピードを少しずつ磨いてきました。滑舌を良くするため、ボイスレッスンに通っていた時期もあります。そうしているうちに私のプレゼンスキルは、ミライロの貴重な経営資源の一つになっていきました。

２０１７年に入社して以来、営業部門を率いてきた橋本寛之が業界団体などに電話をかけて、「弊社の垣内に講演をさせていただけませんか」と頼むと、ありがたいことに多くの場合、「いいですよ」と快諾してもらえました。新聞や雑誌などで紹介される機会が増えて、会社の認知度が上がったこと。私の存在やミライロの事業そのものが、多様性という時流を捉えたものであること。おそらくこの二つが大きく影響していたのでしょう。

そして講演会当日、情熱を込めたプレゼンの後がもう一つの本番でした。懇親会の席で私と橋本が手分けをして、出席した経営者の方と一人でも多く名刺交換をします。

相手は経験豊富な一流の経営者ばかりです。小賢《こざか》しい理屈や飾り立てた言葉は、必ず見抜かれます。私たちの事業が世の中を変える、それも必ず良い方向に変えることを、熱意を持って、それでいて地に足のついた表現で伝えることを心がけました。

すると驚くことに、ほとんどの経営者の方と改めてお目にかかる機会をいただくことができたのです。私が障害者を取り巻く課題や市場としての可能性についてお話しすると、どなたも熱心に耳を傾けてくれます。

こうしたご縁をきっかけに、ユニバーサルマナー検定やコンサルティングの機会をいただいたことも数えきれません。

マイナポータルとの連携

しかし、ミライロＩＤのときばかりは、そう簡単に事は運びませんでした。いくらトップが理解を示し、現場へ指示を出してくれても、すぐには乗り越えられないハードルがあったのです。

それは、公共性の高い事業者が一民間企業のアプリと連携してサービスを提供することへの懸念であり、鉄道会社においては複数の会社が相互乗り入れしている場合の割引額の負担調整の煩雑さなどです。「これは時間がかかるな」。普段はせっかちな私も、さすがにそう覚悟を決めました。

その矢先に奇跡が起こります。プロローグでも紹介したように、２０２０年６月、交通機関や各種施設における障害者割引のために、従来の障害者手帳に加えてスマートフォンなどでの確認を推進するように求めた文書が、内閣官房から自治体や業界団体に宛てて出されたのです。

これを機に、ＪＲをはじめとする鉄道会社が次々とミライロＩＤの導入を決め、それが報道されると、航空、バス、タクシーなどの交通機関、レジャー施設など、導入してもらえる業界も一気に広がっていきました。

時を同じくして、ミライロＩＤはマイナポータルとの民間連携第一号となります。マイナンバー制度の個人向けサイトであるマイナポータルには、行政機関が保有する自己情報を確認できるサービスがあります。

これと連携することにより、それまで社内で内容確認と情報入力を行っていた障害者手帳の情報と、マイナポータルから取得した情報の突き合わせが可能になり、信頼性が向上するとともに、私たちの業務負担が軽減されました。

しかし、何よりインパクトがあったのはマイナポータルとの連携を、政府が認めたという事実でしょう。言ってみれば、国のお墨付きが得られたのです。これで、各事業者が持つミライロＩＤの信頼性に対する不安の多くは払拭されました。

約４０００（２０２４年６月時点）を超える事業者でミライロＩＤが使えるようになり、数十万人規模のユーザーに利用していただいています。従来は障害者割引がなかったアパレル店や飲食店、コンビニなどでも、クーポンを使って特典や割引サービスを受けることができるようになりました。

恩恵を受けるのはユーザーだけではありません。いち早く障害者の市場に可能性を見出した企業にとって、ミライロＩＤは潜在顧客へ効率的にアプローチできるマーケティングツールとなっています。

たとえば、障害者に使ってもらいたい商品を宣伝する場合、大勢の人が目にするテレビや雑誌などのマス広告を使うのは合理的とはいえません。費用がかさむわりに、効率的にターゲットに情報を伝えられないからです。これに対してミライロＩＤならば、障害者という大きな括りだけでなく、障害の種別や程度など、訴求したい相手へ確実に情報を届けることができます。

世界的なスポーツメーカーとミライロの連携も、こうしたニーズに基づくものでした。手を使わずに簡単に脱ぎ履きできるスニーカーを開発したメーカーは、この商品を必要としている障害者へ一番に届けたいと考え、ミライロＩＤのユーザー向けにクーポンを発行しました。

これにより、この革新的なスニーカーの存在は、多くのミライロＩＤユーザーに認知されることとなりました。このメーカーにとっても、こうしたマーケティングの試みは世界で初めてでしたが、満足のいく結果になったそうです。

また、アイウエア（メガネなど）の製造販売を手がけるＪＩＮＳ（ジンズ）は、早くからミライロＩＤを導入し、売り上げ増加の実績を積み重ねてきました。

障害のある方が来店しやすい店舗を作るだけでなく、オンライン上でも、自分に合うアイウエアを見つけられる機能を付帯することで、来店が難しい方も気軽に購入を検討できる仕組みを作っています。アイウエアは視力の矯正器具であるとともに、ファッションアイテムでもあります。

ミライロＩＤでクーポンを発行し、リーズナブルな価格で、豊富な商品ラインアップの中から、選べる楽しさを提供しています。

２０２４年1月にはオンラインショップ「ミライロストア」もオープンしました。ミライロＩＤは開発当初に描いた「(障害者である)自分自身が日常的に使っていることをイメージできる」アプリの枠を超えて、ＥＣ、クーポン、マーケティング機能を包含するプラットフォームに成長しています。

障害のある方と企業をつなぐライフプラットフォームとして、ユーザーの毎日に寄り添っていくこと。これがいま思い描いているミライロＩＤのビジョンです。

ミライロＩＤの収益モデル

ここで収益モデルについてお伝えします。まずコストは、これだけのシステムを運営する以上、サーバー利用、アップデートや不具合の対応コスト、セキュリティ対策などにそれなりの費用が発生します。

対して、ユーザーからも事業者からも、アプリ自体の利用に伴う料金はいただいていません。基本的には私たちの持ち出しで、ユーザーが増えるほど負担が重くなる構図です。そこで、二つのマネタイズの方法を考えました。一つは、アプリ内で広告を表示してスポンサーから広告料をいただく方法。もう一つが、API（アプリケーション・プログラミング・インターフェース）の接続料を、同じく事業者からいただく方法です。

ミライロID内にある情報と連携することで、レジャー施設の入場券やスポーツ観戦のチケットなどを障害者割引が適用された料金で事前に購入できるようにしています。現地の窓口での手続きがなくなるため、ユーザーと事業者、どちらにも大きなメリットがあります。

API接続料モデルで期待されるのが、駐車場での利用です。病院や公営の駐車場では、障害者割引が提供されています。ただし、利用の際には係員を呼んで本人確認をする必要があり、係員がいないところでは精算機に取り付けられたカメラに障害者手帳を提示しています。

デジタル障害者手帳「ミライロID」の主な機能

所有する障害者手帳の
登録

使用する福祉機器などの
登録

バリアフリー情報の
確認

ECサイトでの
商品の購入

お得な電子クーポンの
利用

障害者割引チケットの
購入

駐車場精算機の仕組み

BEFORE
係員がいないと
障害者割引を
受けられない
AFTER
無人でも
障害者割引を
受けられる

これをミライＩＤと精算機のサーバーを連携させ、人を介さずに24時間利用できるようにしました。深刻な人手不足が指摘される日本において、無人対応を可能にするこの仕組みは、駐車場以外のさまざまなところでも活用できると期待しています。

２０２２年7月には、Ｂｍａｐｓをミライ ＩＤに統合しました。２０１６年にリリースして以来、多くの方々に利用され、全国各地のバリアフリー情報を集約するなど、Ｂｍａｐｓが果たした役割は大きかったと思います。その後を追うように誕生したミライＩＤが、これを包括したことは個人的にも感慨深いものがあります。

二つを統合することにより、外出先の情報収集からチケットなどの予約、現地での利用までがシームレスに体験できるようになりました。スマートフォンだけ持ち歩いておけば、気軽に外出が楽しめる。そんな新たな時代が、本格的に幕を開けたといえます。

課題は、使える場所や地域がまだ限られていることです。東京、大阪を中心とする都市部に偏りがちで、普段の移動や買い物から旅行やレジャーなどの非日常まで、生活のすべてをカバーするには至っていません。まだまだやるべきことが残されています。これをやり切ったとき、ミライロＩＤは間違いなく障害者の生活を支えるインフラになっているはずです。

バラバラであることが強みになる

ミライロが掲げる企業理念「バリアバリュー」のバリアには、障害の他に弱点や苦手なことも含まれます。世の中にバリアを感じていない人は存在せず、私をはじめミライロの社員も、何らかのバリアと向き合っています。そこにミライロの強みがあります。

社員には、肢体不自由、視覚障害、聴覚障害、内部障害、精神障害、さまざまな人がいます。大きな病気がある人、ＬＧＢＴＱ＋の人、それ以外にも、人とコミュニケーションを取るのが苦手だったり、一つのことに集中すると周りが見えなくなってしまったり、物事を俯瞰して見るのは得意だけれど細かな作業に抵抗感を覚える人など多様です。

でも、そうでない組織などあるでしょうか。一見すると軍隊のような同質性の高い人が集まるところでさえ、一人ひとりに目を向ければ個性あふれる人たちが集まっています。単にその個性を活かすかどうかの違いでしかありません。

オナモミで知られるひっつき虫の種は、割ると二種類の種が出てきます。一つはすぐに発芽するもので、一つは時間をかけて発芽するものです。日照りや寒暖差など発芽環境が整わないことを見越して、同じ種にも多様性を持たせているのだそうです。

踏まれたらすぐに立ち上がるなどとして知られるタンポポは、本当のところ、踏まれたら踏まれた方向に伸び、柔軟に成長します。ツクシは根を地に張るだけでなく、茎までも地に張って、長く、確実に成長します。すぐに発芽することだけが、上に伸びることだけが正解ではない。バラバラであることが一つの価値になりうると植物の生存戦略から学ぶことができます。

コミュニケーション下手は、実直さの裏返しとして信頼を集めることがあります。興味のあるテーマや好きなことに熱中して取り組む人には、その特性にぴったりな業務があります。多くの人が見落としがちな問題を発見して指摘してくれるのも、こういうタイプの人に多いようです。枠組みを考えるのが得意な人と、細部まできっちりやり切る人を組み合わせると、最強のコンビになる可能性があります。

弱点や短所は、見方を変えれば強みや長所になるし、仕事の割り振りや人の組み合わせ次第で、眠っていたとてつもない力が発揮されます。それぞれの視点や特性を持ち寄って強い組織を作る。少なくとも私たちはそうしてきました。

組織として多様性があることは重要ですが、目指すべきところは同じにしなければいけません。人もバラバラ、ゴールもバラバラでは、多少の化学反応はあれど、結束は生まれず、組織としての持続性は保てません。

包み隠さず伝えると、学生時代に起業してから社員が増えるにつれて、組織のあり方で頭を悩ませることが増えていきました。ベンチャー企業にありがちなワークライフバランスの悪さを指摘されたこともあります。期待を込めて育成に力を入れた社員が突然辞めてしまったときは、かなり落ち込みました。

そのたびに問題を受け止めて、必要に応じて体制や制度を見直してきましたが、企業として成長すると、また別の問題が出てくる。言うに及ばないことですが、経営者にとって、人と組織の課題は永遠のテーマだと受け止めています。

ミライロが15年近く事業を続けてこられたのは、価値観を共有し、同じ目標に向かって進んでくれた社員のおかげです。なかでも、前のめりになりがちな私を泳がせながら、裏で組織固めや資金繰りに奔走してくれた民野には頭が上がりません。

コロナ禍でユニバーサルマナー検定の受注がピタッと止まったときも、真っ先に行動したのは民野です。eラーニングへの切り替えはユニバーサルマナー事業のチームが中心になって進めましたが、問題はキャッシュフローでした。

未来を拓くための資金調達

それまでミライロは、銀行からもベンチャーキャピタルからも資金調達を行っていませんでした。まとまった設備投資が必要な事業を手がけておらず、広告費もそれほどかけていないために必要がなかったからです。既存事業で上げた収益を次に投じるという、ごくシンプルなやり方で経営を進めてきました。

その状況を一変させたのがコロナ禍です。業績が大きく落ち込みました。

ミライロＩＤの開発にも、これからお金がかかる。そこで下した決断が、これまでご縁のあった取引先からの出資を受けることでした。

純粋なリターン目的ではない協業を前提とした出資であること、経営の自由度を確保するためにマイノリティ出資であることが条件でした。バリアがバリューになる社会、ユニバーサルマナーが広がる社会、私たちはそれを実現するために事業を行っています。儲けはその目的を達成するうえで不可欠なものの、より多くの収益を上げることが第一ではありません。だから、経営の方向性は自分たちで決めたかったのです。

危機的な状況に似つかわしくないこの強気な条件を、大阪市高速電気軌道、京王電鉄、さくらインターネット、住友林業、西武鉄道、ゼンリンデータコム、東京海上日動火災保険、日本生命、三菱地所、ヤマトホールディングスの各企業に受け入れてもらい、2021年春に総額3億円の第三者割当増資を実施しました。次いで2023年には、花王、カヤック、三菱UFJ銀行、ソニーベンチャーズも株主に加わりました。

なかには私たちの窮状を知り、こちらが提案した額の数倍を出資しようと申し出てくださった会社もあります。皆さんの信頼と期待に応えるという新たな責任と目標が加わったことは、今の私たちに力を与えてくれています。

民野は多くを語りませんが、彼の粘り強い交渉によって、この第三者割当増資が実現し、瀕死のミライロを救いました。増資を検討し始めた2020年末からの3カ月あまり、ほとんど寝られない日々を過ごしたはずです。なにしろそれまで経験したことのないことばかりでした。資金調達は未経験で、大企業を引受先とする第三者割当増資を主導する。彼は、そんな離れ業をやってのけました。

これは民野に限ったことではありませんが、ミライロの中枢を担う社員には不可能を不可能と思わない傾向があるように思います。知らないことやできないことは、勉強して挑戦すればいい。難しければ周りの人に相談し、教えを乞いながら、なんとかしてやり遂げる。あきらめが悪いのは、私だけではないようで本当に心強いです。

時々ふと、時間が足りないと思うことがあります。「芸術は長く、人生は短い」というヒポクラテスの言葉には二つの意味があるとされます。一つは、芸術を極めるには多くの時間を要するが、人生はあまりにも短いというもの。もう一つが、アーティストが亡くなった後も作品は残るというものです。

自らをアーティストなどと称する気はありませんが、成し遂げたいこと、やらなければならないことがたくさんあるのに、あまりに時間が足りないという焦燥感は常に心を覆っています。

社員や外部のパートナーの方々は、そんな私を温かく受け止めてくれています。過去に心肺停止に陥り、いつ同じようなことが起こるかわからない。だから、生き急いでいるのだろう、と。

でも、それは半分が事実で、半分は違います。確かにそんなふうに思うこともありましたが、いつ人生が終わるかわからないのは、持病がある人も健康な人も、障害者も健常者もみな同じです。リスクの多寡はあっても、先が見通せないことは変わりません。

だから、時間が足りないと思うのは、結局のところ、やりたいことや生きたい理由が多くあるからにすぎず、幸せなことだと感じます。

第4章

バリアフリー先進国日本

飛鳥時代から続く障害者との歴史

日本には、障害者を排除せず、多様性と向き合ってきた歴史があります。

飛鳥時代。大化の改新という今でいえばクーデターによって、すべての土地と人民は朝廷のものとする公地公民制が生まれました。統一国家の下、全国で戸籍が作られ、6歳以上のすべての民に土地を口分田として分け与える代わりに、収穫した稲が税として徴収されました。

性別、良民・賤民《せんみん》によって支給される土地の広さは違ったものの、障害の有無による区別はありませんでした。障害者も健常者と同じだけの土地が与えられ、納税の義務も同等に課されたのです。さらには、障害の程度に応じて税の減額や免除がなされ、重度の障害がある者には土地を耕したり、身の回りの世話をしたりするための手助け役が与えられました。今から1300年も前に、国家の法やルールで障害者の存在を認め、平等を規定した例を、私は他に知りません。

鎌倉時代後期の社会を描いた絵巻にも障害者の姿が描かれています。高僧・一遍《いっぺん》の生涯を描いた「一遍聖絵《ひじりえ》」です。現在は国宝に指定されて東京国立博物館などに収蔵されています。

視覚障害者や手に下駄を履く下肢障害の人が街の往来の中に描かれ、介助されながら食事をする人の姿や、現在の車いすの原型とされるものも登場します。現代とはまるで違う価値観を持つ社会においても、障害者はたくましく生き抜き、またそれを受け入れていた人々がいた事実に胸が熱くなります。

鎌倉幕府が滅んで南北朝時代に入ると、障害者の社会参加と活躍が見られるようになります。その象徴的な存在が、琵琶法師の明石覚一《あかしかくいち》です。平家物語をまとめたことで知られ、当道座《とうどうざ》と呼ばれる琵琶を演奏する視覚障害者の職業組織、今でいう労働組合のようなものを築き上げます。演奏技術の試験や構成員を対象とする裁判などを執り行い、構成員には税の減免や金融業を営む権利が与えられました。

15代続いた徳川将軍の中にも障害者がいます。9代目の家重と13代目の家定です。いずれも脳性麻痺があり、家定については徳川家存続に大きな役割を果たした篤姫の夫として広く知られています。一方、これまで謎が多かった家重ですが、近年は障害のある初めての徳川将軍として研究が進んでいます。

8代将軍吉宗の長男として生まれた家重は、出産の際の事故で重度の言語障害となりました。二人の弟がいて、特にすぐ下の宗武は文武に優れていましたが、吉宗は長男の家重を次の将軍に指名します。

熾烈《しれつ》な跡目争いがあったことは想像に難くありません。それでも、障害がある家重に将軍の座を託したのは、日本そして世界の歴史においても偉大な一歩だったといえます。

家重を支えたのは、側近を務めた田沼意次と大岡忠光です。意次は、当時では革新的な経済を重視した政策に転換を図りました。賄賂政治家などと語られがちですが、保守層の反発が強かったことから非難の見聞が多く残ったにすぎず、将軍のため、幕府のために辣《らつ》腕《わん》を振るった優秀なナンバー2だったとされます。

もう一人の大岡忠光は、意次に比べると文献が限られています。ほとんど聞き取ることのできない家重の言葉を、唯一聞き分けたのが忠光でした。家臣らは忠光を通して具申するため、実質的には忠光が政治をしているように映ったとされます。しかし、忠光は無欲で、私心に走ることなく、献身的に家重を支え続けました。

将軍就任から15年、家重は二人とともに時代を駆け抜け、大岡忠光が亡くなるとすぐ、将軍の座を息子へ譲り、1年後、忠光を追うように生涯を終えました。

先人が築いた多様性を重んじる日本

江戸時代には将軍家だけでなく、社会全体の意識にも変化が見られるようになります。背景の一つには、明石覚一が起こした当道座が江戸幕府から保護を受け、目覚ましい活躍をする視覚障害者が現れたことが挙げられます。

あんま、鍼《はり》、灸《きゅう》、医療の道を切り開いた杉山和一《わいち》。琵琶、琴などの演奏指導を通じて視覚障害者の働き方を広げた八橋城談《やつはしじょうだん》。そして、現代でも編纂が続けられている『大日本史料』の礎を築いた塙保己一《はなわほきいち》などです。

城談は京銘菓「八ツ橋」の考案者でもあり、起業家としての側面を持っていました。また、保己一は、今も使われている400字詰めの原稿用紙を生み出しています。私にとって、障害がある起業家の大先輩です。

視覚障害者に許された金融業によって莫大な富を築いた中には、勝海舟の曽祖父にあたる米山《よねやま》銀一の名前もあります。

農家に生まれて幼いときに失明した銀一が、鍼医をしながら金融業で財をなし、盲学校の設立に尽力し、飢饉に襲われた故郷のために多額の寄付ができたのも、元はといえば当道座の存在があったからです。身分制度が厳しく、多くの職業が世襲制だった時代です。明石覚一や米山銀一は視覚に障害があったことで、自ら道を切り開き、社会に価値を残すことができたとも考えられます。

ところが、明治、大正にかけて推し進められた富国強兵によって、障害者をめぐる状況は一変します。およそ５００年にわたって視覚障害者の地位向上と生活安定に大きな役割を果たした当道座は、明治維新で廃止されます。さらに、戦力にならない障害者は穀潰《ごくつぶ》しと見なされ、公文書からは存在がかき消され、市民権を失います。

光が見えてきたのは、第二次世界大戦の後です。１９４６年に制定された日本国憲法は、「すべて国民は法の下に平等」であり、「差別されない」と規定しました。

その後もＧＨＱ（連合国軍最高司令官総司令部）の指示の下、多くの傷痍《しょうい》軍人を含む60万人の障害者を対象とする身体障害者福祉法（１９４９年）、精神衛生法（１９５０年）、精神薄弱者福祉法（１９６０年）が相次いで制定され、障害者福祉の法整備が進みました。

高度経済成長期に入ると、障害者の社会参加を進めるための動きが加速します。１９６４年の東京オリンピック・パラリンピックでは、生き生きと躍動する先進国の障害のある選手たちの姿が、スポーツはおろか一人で外出することさえ難しかった当時の日本の障害者に衝撃を与えました。

そのわずか6年後、日本のある物が世界に驚きをもって迎えられます。視覚障害者が安全に歩行できるようにと開発された点字ブロックです。第1章で述べたように、初めて駅に設置されたのが１９７０年、大阪万博を機に旧国鉄阪和線・我孫子町駅に導入されました。日本全国、そして、各国から訪れた人々は、この画期的なデザインに驚き、点字ブロックは世界に広がることになります。日本が世界に誇るバリアフリー設備の誕生でした。

時を同じくして、障害者の社会参加を促進する仕組みも整備されるようになります。転換点となったのが、１９７６年の身体障害者雇用促進法の改正です。それまで努力義務だった全従業員に占める障害者の割合、法定雇用率の遵守が法的に義務づけられることになったのです。

１９７０年代といえばオイルショックの影響で、日本経済が大打撃を受けていたタイミングです。産業界からの反発も強かったはずですが、それでも障害者雇用の義務づけに踏み切った意義は大きいといえます。

１９８０年代後半にはバブル経済の後押しもあり、日本のバリアフリー化は加速度的に進みました。ここでも大阪が主導的な役割を果たします。国内の地下鉄としては初めて、地下鉄谷町線の喜連《きれ》瓜破《うりわり》駅にエレベーターが設置され、大阪の地下鉄は世界に先駆けてエレベーター設置率100%を達成しました。

多様性と向き合ってきた日本の歴史は、戦争によって一時的に途絶えたものの戦後の復興と経済成長によってその文化を取り戻し、障害者をはじめとする多様な人とともに生きる社会へと回帰しています。

この事実を世界の人々はもちろん、日本人でさえあまり認識していないのは、残念でなりません。日本には、バリアフリー先進国として世界を牽引する力と素地があるのです。

教室に存在した見えないバリア

ミライロは、障害は取り除くべきものではなく、価値に転換できるものと考え、バリアバリューを企業理念に掲げています。でも、振り返ってみれば幼い頃からずっと障害がなくなってほしいと私は願ってきました。誰よりも障害を差別視していたのは、私自身だったのかもしれません。

私は、生まれつき骨形成不全症という病気があります。骨がもろくて折れやすく、骨の変形を来すことも多い難病で、2万人に1人の割合で発症します。これまでに何度骨折したかわかりません。手術は十数回経験し、前述のとおり心肺停止に陥ったこともあります。

小学校低学年まではどうにか歩けていたので、友達と泥んこになって遊び、走り回っている幼少期の写真もあります。同じ障害のある父はもちろん、母も、私を過保護に育てることはしませんでした。

特に母は熱心で、私が小学校に入学するときも、養護学校（現在の特別支援学校）ではなく地元の学校に通わせたいと考えました。教育委員会に何度も足を運んで思いを伝え、ついには説得してしまいました。１９９０年代、障害児を引き離して教育する分離教育が今よりもっと当たり前だったことを思うと、わが母ながら、敬服に値する熱意と交渉力です。

母が切り開いてくれた、地元の学校で過ごした日々は私の宝物となりました。松葉杖や車いすを駆使して運動会にも参加したし、乱暴なじゃれあいも経験しました。

当然、良いことばかりではなく、障害をからかわれたりいじめられたりすることも、なかったわけではありません。体格の違いや、話すのが不得意だったり、運動が苦手だったりする子をからかうのは、子どもにはよくあることです。だから私も、それほど特別なことだとは思っていませんでした。

つらかったのは、「かわいそうな子」と思われることでした。担任の先生は、「俊哉君と遊んであげる人は誰かな?」と、クラスメイトへ声をかけました。

優等生タイプの女の子は、掃除をサボって遊んでいた私を、「俊哉君は脚が悪いから仕方がないよ」と周囲を納得させました。どちらも悪気がないことはわかっています。私を気づかってくれたのです。けれど、この「配慮」が苦痛でした。障害がある自分はみんなと違う、この教室には見えないバリアがある、そんなことを感じました。

それから、遊んでもらうのではなく、遊びたいと思ってもらうために、さまざまな技を磨きました。座ったまま楽しめるゲームを考案したり、先生のモノマネやテレビで見たお笑いのネタを披露したり。男の子は外で遊ぶことが多いため、必然的に女の子と過ごす時間が増え、女の子が好きそうなキャラクターやアイドルにも詳しくなりました。

そうしている間に、私の骨は着実に弱っていきました。私の太ももの骨には、骨の変形を防ぐための髄内釘という金属が入っています。それでも、骨折は避けられず、ケガをすると基本的にはすぐ手術となり、髄内釘の入れ替えが必要になります。

手術を終えてからは一定期間の安静が必要で、腰までギプスを巻き、寝たきりの入院生活を余儀なくされます。何より苦痛だったのは、学校に行けなくなること。学校の勉強についていけなくなることよりも、友人との関係が希薄になることが不安でした。

ケガをしないように、骨折しないようにと、私は歩くことを控え、車いすに頼り切りになり、ついには自力歩行ができなくなりました。遅かれ早かれその時は来たでしょう。でも、学校に行けなくても、もっとリハビリをして、車いすに頼らなければ何か変わっていたのではと、苦い思いをすることが増えました。

フォアボール製造機

地元の公立中学校に進む頃には、つらいながらもなんとか現実を受け止め、車いすでできることを探そうと考えました。当時の私には、運動部に入るという目標がありました。ボディコンタクトが多い競技は骨折の危険があるし、みんなと一緒に力を合わせたかったので個人競技でないほうがよい。

そう考えて選んだのが野球です。幼い頃から野球が好きで、週末はよく父とキャッチボールをしていました。自宅の庭で行うのが常だったので、せいぜい3メートルくらいです。それでも、身体を動かすのが楽しくて、日が暮れてボールが見えなくなるまで延々と続けました。何回連続して捕球できるか、弟と競い合った日々を思い出します。

いざ野球部に入ると、チームメイトと一緒にランニングすることも、守備練習をすることも叶いません。近距離のキャッチボールはなんとか参加できたものの遠投は難しく、結局、スコアラーをやることになりました。

公立中学校の野球部なので、チームはお世辞にも強豪とはいえません。ある日の練習試合では、ミスと凡打が続いて重苦しい空気が漂っていました。すると、それを打ち破るように、静かな声で監督が「代打、垣内」と告げました。耳を疑いましたが、監督は何事もなかったように、早く行けと私に手で合図しています。どうやら聞き間違いではない。

相手バッテリーに動揺を悟られないように、2、3回素振りをしてから、ゆっくり車いすをこいでバッターボックスへ向かいました。

心なしかピッチャーも緊張しているようでした。初球、2球目と大きく外して、3球目はワンバウンド。じっくりと次の1球を見極めるつもりで構えます。そして4球目。傍目からも力んでいるのがわかるフォームで低めに外れました。

私は一度もバットを振ることなく、フォアボールで出塁しました。車いすに乗っている私のストライクゾーンは、他の選手の半分もなく、相手ピッチャーが苦戦するのも無理はありません。それ以降、出塁率100%の「フォアボール製造機」として、チームのピンチを救うことになりました。

スコアラーは、車いす「でも」できる仕事です。取り組み方や能力次第でバリューを発揮することはできますが、障害そのものを価値に変えられたわけではありません。一方のフォアボール製造機は、車いす「だからこそ」果たせる役割でした。

障害があってもできることと、障害があるからできること。当時はそこまで整理して考えていたわけではありませんが、私が初めて、バリアをバリューに変えられた大切な経験です。

歩けないなら、生きたくない

自分なりに充実した時間を過ごしていたつもりですが、その一方で思春期ゆえの悩みは日に日に深くなっていきました。障害があってもなくても、他人からどう見られているかを過剰に気にし、周囲とぶつかりながら「自身が何者なのか」を確立していく。それが思春期です。ましてや私は、見た目もできることも他の人と違う。そんな自身の存在を、受け入れられずにいました。

どこにもぶつけられない鬱屈とした思いが爆発したのは、中学3年の修学旅行のときです。参加するにあたって担任の先生から課された条件は、「親の付き添い」でした。どれだけ両親へ感謝していても、一緒に参加すること、ましてや介助される姿を友人に見られるのは耐えられない。精一杯の抵抗を試みましたが、先生の判断は変わりません。

修学旅行に行くか、それともやめるか。さんざん悩んだあげく、私は参加することを選びました。高校進学で離れ離れになるクラスメイトとの最後の泊まりがけの旅、中学生活最大のイベントをあきらめたくなかった。

旅行初日の夜に、翌日は一人で参加したいと改めて先生にお願いしました。数時間のことだし、同じグループのみんなも手伝ってくれると言っている。特別扱いはしないでほしい。そう訴えた私に、先生はこう返しました。

「あなたを特別扱いしないことが、特別扱いをすることになる」

今ならば、何か事故があってはいけないと気を張り詰めていた先生の気持ちもわかります。親の付き添いなしで参加して、もし事故でも起これば、いったい誰が責任を取るのか。リスクを避けたいという心情も理解できます。

結局、修学旅行を途中で離脱して、先に帰ることにしました。先生との対話が成り立たないことや、親と一緒にいる姿をこれ以上友人に見られたくなかったからです。

帽子を目深に被り、涙を隠して、友人らが乗るバスを見送りました。こんなみじめな思いはもうしたくない。歩けないなら生きる意味もない。歩けるようになるしかない。帰りの新幹線で窓の外の景色をにらみつけながら、私は心の中で唱え続けました。

手をつないで出かけた日々

私の高校生活は、9割の憂鬱と1割の幸福で構成されました。わずか1割であっても、あの幸せな時間がなければ後に起業を志すことはなかったかもしれません。いえ、もしかしたら今こうして生きていることもなかったかもしれません。だから、1割の幸せを与えてくれた人に私は深く感謝しています。

憂鬱は、高校生の私を苦しめた環境のバリアです。第一志望の公立校が4階建ての校舎であることは、受験する前からわかっていました。当時、学校のバリアフリー化は、ほとんど進んでおらず、スロープによる段差解消やバリアフリートイレがようやく導入され始めた頃で、エレベーターなど夢のまた夢。

だから、どの高校を選んでも状況はあまり変わりません。それでも中学時代のように、周りの友人が助けてくれるから大丈夫という期待を抱いて、進学を決めました。それ以外に選択肢がなかったといったほうが正確です。

しかし、現実はそれほど甘くありませんでした。同じ中学からその高校に進んだのはごく少数で、ほとんどは初めて会う同級生ばかりです。小学生の頃から私が松葉杖や車いすを使うのを見慣れていたそれまでの友人と違い、周囲は明らかに戸惑っている様子でした。そんな同級生たちに、クラスメイトだからという理由だけで、移動のたびに手助けを頼むのは気が引けて、私は自力で校内を移動することを決めます。3階へも4階へも、這いつくばって階段を上り下りしました。

わずかな休み時間の間に移動する学生でごった返す階段も、私の周りだけぽっかりと空間ができます。間違って踏んでケガをさせてはいけないと思ったのでしょう。注目され、時には笑われているような気がしました。

だから、毎朝誰よりも早く登校して、下校時間ギリギリまで教室に残りました。そうすれば階段を上り下りする姿を見られずに済む。でも、授業によっては教室の移動があるので、そういうときはクラスメイトに手助けしてもらうほかありません。

誰に頼めば快く引き受けてもらえるのか、そのために普段からどんな関係を築いておけばよいのか。毎日そんなことばかり考えて神経をすり減らすうちに、学校に行くのが億劫《おっくう》になり、自己嫌悪に陥っていきました。

そんな私を支えてくれた一人の女性がいます。別の高校に通う同級生で互いに好意を抱き、お付き合いしていました。彼女の前では、私は格好よくて頼りがいのある男でいられました。いえ、そうありたいと願い、背伸びをしていたのです。

どんなにきつい坂道でも彼女に車いすを押させず自力で上り、まるで車いすなどそこに存在しないかのように振る舞っていました。誰よりも私自身が、歩けないことを、障害があることを恥ずかしく感じていたのです。

でも、彼女は違いました。周囲の目線も意に介さず、車いすに乗っている私と手をつなぎ、どこにでも出かけようとしました。

高校1年生の秋、古くなっていた車いすを買い替えたときのことも、よく覚えています。新しい車いすに乗って彼女に会うと、弾けるような笑顔と明るい声で彼女が言いました。「車いす、めちゃくちゃカッコイイね！　俊くんもいつもの2倍カッコよく見えるよ」。

当時の私にとって、車いすは恥ずべきものでした。しかし、彼女の屈託のない笑顔と冗談交じりの言葉がきっかけで、車いすは私の身体の一部になりました。

こんなふうに、障害に対してまるで壁をつくらないフラットな人たちに、その後も大勢出会いました。ミライロを一緒に立ち上げた民野はその筆頭です。車いすだから何かができないと決めつけることなく、こちらの体調は常に気にかけながらも、過度な配慮はしません。だから、ここまで互いに切磋琢磨し、やってこられたのだと思います。

初めてビジネスをしたのも彼女のためでした。誕生日に何かプレゼントしたいけど、車いすだとアルバイト先が見つからない。そこでピアスを仕入れて、ネットで販売することにしました。

高校に入学してすぐピアスを開け、メンテナンス方法などに少し詳しくなっていたことがベースにあり、なにより商材が小さく在庫の置き場所に困らないし、配送料も安く済む。高校生が初めてする商売にしては、まずまずの着眼点でした。

このプチビジネスは十分に成功し、彼女へのプレゼントを用意することができました。彼女の喜ぶ顔を見て、働いてお金を得る手応え、アイデアと工夫で商売をする楽しさを実感しました。これが私の起業家としての一つの原点です。

両親の反対を押し切って受けた手術

彼女の存在に支えられ、私は障害を受け入れつつありました。でも、学校へ行けば、また階段と向き合わざるをえず、すぐに心をマイナスの感情が支配します。歩きたいという思いは次第に募り、私は意を決して両親と高校の先生に直訴しました。

「このまま学校に通っても何も変わらないし、勉強にも身が入らない。今ここで学校を辞めて手術とリハビリをすれば、足で歩けるようになる可能性がある。執刀医もその後のリハビリ施設も目途をつけた。高校中退は人生を良い方向に進めるためのステップなんだ」

骨形成不全症の治療で実績のある病院や施設を調べ、すでに診察も受けていました。その結果わかったのは、変形した骨を矯正するために1本の骨を3本に切り、癒合させる（くっつける）術式によって、歩けるようになる可能性があるということでした。手術は骨形成不全症治療の第一人者である、廣島和夫先生にお願いしようと決めていました。

大掛かりな手術になるため、長期入院が必要で、術後のリハビリも片手間でできるようなものではありません。高校にこのまま通うのか、歩ける人生に賭けるのか。私は迷いなく後者を選びました。両親も高校の先生も大反対でしたが、私の意志が変わらないと知り、最後は退学ではなく休学することを条件に許してもらいました。

こうして17歳の春、親元を離れ、大阪の病院で8時間に及ぶ手術を受けました。麻酔から覚めた私は、「手術は成功した」という廣島先生の言葉を、ぼんやりと霞がかった意識の中で聞きました。

夢ではない。これで人生が180度変わる。今までできなかったことを全部、思い切りやろう。そう思えば、過酷なリハビリも前向きに取り組めました。歩くための努力ができることが純粋に嬉しかった。私の心は希望と期待に満ちていました。

ところが、いっこうにリハビリの成果は上がりません。手術から2カ月後のある日、廣島先生は私にこう告げました。

「残念だけど、骨がうまくつながっていない」。手術が成功しても術後の経過が良いとは限らない。一定の確率で骨の癒合がうまくいかないことは、事前に説明を受けていました。でも、その可能性に目を向けることが手術前の私にはできませんでした。リスクがあろうと、一筋の光明があるなら、それにしがみつくよりほかになかったのです。

そんな私をあざ笑うように審判は下りました。仮に同じ手術を繰り返しても、結果は変わらない。いつかは歩けるようになるという夢が断たれた瞬間でした。

これ以上、生きる理由がないように思えました。どうやって死のうか、そればかり考えて、夜中に病院の屋上で過ごしたこともあります。大阪の街の灯に吸い寄せられるように柵に手を掛けるも、どう頑張っても自力で柵を乗り越えられない。死ぬことも自分一人ではできないのか、そう考えると涙は止まらず、気づけば夜が明けているという日が続きました。

登り切った先の景色

私を思いとどまらせてくれたのは、同室に入院していた富松さんというお爺さんです。それまで話したことがなかったのに、ある日「経過が良くないのか？」と聞かれました。塞ぎ込む私の様子を、向かいのベッドから見て、ずっと心配してくれていたのでしょう。

その一言をきっかけに、私は堰《せき》を切ったように話し始めました。歩けずにずっと悔しい思いをしてきたこと、手術に賭けて高校を休学したこと、そして、不本意な結果に終わったこと。誰にも打ち明けられなかった思いが、自分でも不思議なくらい次から次へと言葉になってあふれました。

富松さんは、同情するのでもなく、気休めを口にするのでもなく、「うん、うん」「そうか」と淡々と話を聞いてくれました。

ひとしきり話し終えると、富松さんは「それで君は、ちゃんと登り切った先の景色を見たのかい？」と、私に尋ねました。もうリハビリをしても意味がないと勝手に決めつけて、自暴自棄になっていた自分を見透かされた気がしました。

続けて、「人生はバネだ。今はつらいかもしれない。でも、いつかバシッと伸びるときが必ず来る」と富松さんは続けました。そうだ、まだやり切っていない。限界まで挑戦して、それでダメならあきらめよう。

そこからさらに半年、考えつく限りのあらゆるリハビリに打ち込みました。転院してリハビリ専門の施設に移ってからは、医師や理学療法士が、これ以上はやめろとストップをかけたほどでした。

結局、状況は好転しませんでした。ついに、歩けない人生を生きるという現実を受け入れます。季節は冬になっていました。病室を出たとき、意外にも清々しい気持ちだったことを覚えています。富松さんが言った「登り切った先の景色」を見たと思えたからです。できることは一つ残らずやった。だから、あきらめられました。

挫折や断念ではありません。あきらめるという言葉は、仏教が語源で「諦観」と書き、「明らかにする」「現実をありのまま観察する」ことが本来の意味です。私は歩けないという現実を明らかにできたのです。

足で歩くことをあきらめた私は、次の目標を立てます。それは、起業することでした。義手、義足、車いすなどを作る会社を立ち上げようと考えました。車いすが私の身体の一部となり、私を支えてくれているように、多くの人のそれをサポートしたい。何より、経営者になって成功すれば、自分を認められるかもしれない。そんな気持ちがあったように思います。

大学受験を通じて得た達成感

そうは言っても、私は世間知らずでした。中学時代の成績は悪くなかったものの、高校に入ってからは歩くことばかり考えて、ろくに勉強をしませんでした。とりあえず、大学に行って経済や経営を学ぼうと考えるも、手術とリハビリの影響で出席日数は大幅に不足しています。仮に、高校に復学しても留年は避けられません。そこで高校を中退し、高等学校卒業程度認定試験を受けることにします。

最初に受けた模試で、33という予想を大きく下回る偏差値を叩き出し、1日12時間の勉強を自身に課しました。ペンを支える中指が変形するほど、しゃかりきになって勉強しました。

壮絶なリハビリと比べれば、何ということはありません。第一、わからなかった問題が解けるようになり、模試の点数も少しずつ上がっていく。あのときのリハビリと違い、やればやるだけ結果につながり、高卒認定試験も一発で合格しました。センター試験（現・大学入学共通テスト）を目前に控える頃、偏差値は60を超えるところまで伸びていました。

しかし、入試の2週間前に車いすごと転倒して、私は骨折し入院を余儀なくされます。救急搬送されてすぐに手術となり、とても試験には間に合いそうもありません。これでまた夢から遠ざかると一時は絶望しましたが、これも歩けない現実と向き合うほど、難しいことではありませんでした。

ダメもとで第一志望の大学に問い合わせたところ、「会場まで来てもらえば、受験してもらってかまわない」と返ってきました。急いで民間の救急車を手配して、病院から試験会場へ直接乗り込み、他の受験生と同じ教室で試験を受けることになりました。

教室の一番前にベッドを運び入れてもらって、寝たままの姿勢で答案用紙に向かいました。周囲の目など全く気になりません。もう遠回りはしたくない。大学で学んで起業する。頭の中にあったのはそれだけでした。

そんな気持ちとは裏腹に、身体は言うことを聞きません。術後の体力が戻らない状態で、長時間のテストを受けること自体に無理があったようです。腕は上がらなくなるし、終盤は握力がもたず、鉛筆を何度も落としそうになりました。それでも、なんとか回答用紙を埋め切って、満身創痍《まんしんそうい》で病院へ戻りました。

結果発表の当日、病室のベッドから大学の専用サイトにアクセスした私は、震える手で受験番号と事前に知らされていたパスワードを入力しました。

「合格」

短い文字が目に飛び込んできました。「うぉー」と心の中で叫びながら拳を突き上げ、それから慌ててナースコールを押しました。応援してくれた看護師さんたちに結果を伝えます。

応答した看護師さんが、「垣内君、受かりました!」と、ナースセンターにいるみんなへ伝えるのと同時に、病棟中に歓声が広がるのが聞こえ、今までとは違う涙が頬を伝いました。

今でもあの日の、あの瞬間のことを思い出すと、こみ上げるものがあります。寝たきりで勉強できるよう、ある看護師さんは段ボールで机を作ってくれました。夜中まで勉強する私に、ある看護師さんは夜食のおにぎりを作ってくれました。私一人の力ではなく、みんなで到達した結果です。

高校を中退して高卒認定試験を受けたこと。偏差値33から短期間で上位校を狙えるところまで漕ぎ着けたこと。骨折というアクシデントにひるまず、受験を敢行し、そして合格したこと。すべては自身で選択し、やり切ったことです。

足で歩くことは叶わなかったけれど、人生は自分の意志で選び、進むことができる。周囲の支えという杖を手に、これからも歩み続けられる。私は大きな達成感と小さな自信を得ました。

弱みを別の視点から捉え直す

大学入学を機に一人暮らしを始めました。

飲食店やコンビニなどのアルバイトはできません。探しまわった末に、小さなベンチャー企業で、アパレル用のデザインソフトを組む仕事に就くことができました。高校時代、ピアスショップの運営でプログラミングを学んでいたのが役に立ったのです。

しかし、それだけでは足りないので同じビル内のウェブ制作会社に行き、働かせてほしいと頼みました。ウェブ制作の仕事をするものと思っていたところ、出社初日に私が命じられたのは営業の仕事でした。この社長こそが第2章でお伝えした、車いすの自分に営業なんてできるはずがない、と思い込んでいた私の決めつけを打ち破った人です。

アルバイトながらトップクラスの営業成績を残せたことで、障害があるからこそ生み出せる価値があると知ることができました。かわいそうな人でも、助けられてばかりでもない、これまでとは違う自分を見つけられたような気がしたのです。

気休めやきれいごとを言うつもりはありません。障害はないほうがいいに決まっています。車いすでは不便なことが多いし、歩けたほうが楽です。でも、もし私に障害がなく、大学で民野と出会うこともなければ、ミライロは存在していません。デジタル障害者手帳やユニバーサルマナー検定は生まれておらず、障害に対する社会のバリアと向き合うことに携われなかったはずです。

弱点やコンプレックスに思っていることも、少し視点を変えれば強みや特性に転換できます。インド独立の父、マハトマ・ガンジーは、子どもの頃から引っ込み思案で言葉数が少なかったそうです。しかし、その引っ込み思案な性格が盾となって自分を守ってくれたと振り返っています。話していないときには洞察力を働かせ、いざ話すとなれば一つひとつの言葉を吟味して伝える。後に「引っ込み思案なおかげで私は成長できた」と述べています。

弱みや欠点がない人など存在しません。同時に、強みや長所がない人もいません。私たちはみな、弱くて強いのです。その凸凹が寄り合い、組み合わさることで、したたかでしなやかなチームができる。それは企業も社会も同じではないでしょうか。

全従業員に対して一定数以上の障害者を雇用するように義務づける法定雇用率は年々段階的に引き上げられ、2026年度には2・7%になることが決まっています。単純に言えば、従業員が1000人いれば27人の障害者を雇用する必要がある計算になります。仮にこれを満たさない場合、不足する障害者数1人について月額5万円を納付しなければならず、反対に法定雇用率を達成している企業には報奨金が支払われます。

また、雇用率の低い企業は行政指導を受け、それでも改善が見られない場合は企業名を公表される可能性があります。つまり、障害者を雇用しない企業は評判(レピュテーション)に傷がつくうえ、経済的な損失も避けられないことになります。

障害者雇用を「義務」とだけ考えるのはもったいない話です。労働人口が減少する中、働く意思があって就労が可能な障害者は貴重な働き手です。実際、この15年で障害者の雇用数は約3・3倍の64万人となっています。近年ではそこからさらに踏み込んで、障害者を戦力人材と捉える動きもあります。

「ニューロダイバーシティ」という言葉が広く知られるようになってきました。ニューロ(脳、神経)とダイバーシティ(多様性)を掛け合わせた言葉です。自閉スペクトラム症(ASD)、注意欠如・多動症(ADHD)、学習障害(LD)といった発達障害の特性に着目し、人材として活用しようとする考え方です。

たとえば発達障害がある人の中には、ソフトウェアのバグを高い確率で発見する人材がいることがわかっています。パターン認識や記憶、数学などの分野における優れた能力と、発達障害の特性は相関関係にあるとする研究結果もあります。スティーブ・ジョブズさんやイーロン・マスクさんなど、成功した起業家の中にも発達障害とされる人たちがいます。

過集中や臨機応変な対応が苦手という弱点は、環境が整えば、間違いやルール違反を見逃さないことにも通じます。こうした障害の特性を強みに転換できるのは発達障害に限った話ではありません。

大企業の中には、障害者を雇用するために特例子会社を設立するケースが少なくありません。一定の条件を満たして国から認定を受けることで、こうした特例子会社で雇用する障害者は、親会社が雇用していると見なされます。

障害者が働きやすい環境を整備して、任せやすい業務を切り出すという点では確かに効果的です。業種によっては障害者が一緒に働くのが難しいケースもあるので、特例子会社自体に問題があるとは思いません。

しかし、物理的にも仕事の内容においても、同じ空間で、障害者とともに働くことで、法令遵守や社会的責任の枠を超えた価値が生まれることは明白です。

実際に、ドイツが拠点の世界的なソフトウェア会社ＳＡＰでは、発達障害のあるメンバーがいるチームは、それ以外の社員のエンゲージメントの向上や離職率の低下といったポジティブな影響が生じており、業績にも貢献しているとされます。

さらに踏み込んで伝えれば、障害そのものに価値があるわけではありません。どんな障害にせよ、本人が困っていたり、不自由だと感じていたりするからこその障害であり、解消できるのならばそれに越したことはありません。

解消するのが難しいならば、捉え方や向き合い方を変え、障害を価値や強みに転換する。すなわち、自身の可能性を広げることが必要なのだと思います。これが私の考えるバリアバリューです。

それぞれの軸とミライロの軸

ミライロでは、障害の有無や種別、年齢、これまでのキャリアなど、実にさまざまな社員が働いています。組織である以上は一体感も欠かせません。大切に感じていることや実現したい夢といった、根っこのところは共通しています。これは偶然ではなく、理念やビジョンの共有を重視しているからです。

過去に、テレビなどのメディア露出が増え、事業も安定化してきたタイミングで社員が倍増しました。少し前であれば見向きもしてくれなかったような、超大手企業の出身者や海外事業の経験者がミライロの門を叩いてくれました。

私たちは浮き足立っていたのかもしれません。採用の軸も定まらないままに選考を行い、理念やバリューを腹の底から共有できるかという大事なことを、しっかりと確認できていなかったのです。

一緒に仕事をしてみると、小さな違和感を覚えることが増えていきました。前職での経験やこれまで積み重ねてきたやり方があるのは、もちろん理解できます。それぞれの会社や組織にそれぞれの文化があるので、何が良くて何が悪いかという話でもありません。だから、「あれ？　ちょっと違うかも」と感じるたびに丁寧に話をして、私たちなりのやり方を伝える努力をしました。

しかし、その場は認識の違いを解消できたように見えても、また同じような行き違いが起きてしまう。そんなことを繰り返しているうちにミライロという組織に息苦しさを感じるのか、辞めていく社員が一人、また一人と増えました。そして、いつの間にか離職率は、かつてないほど高い数字になっていたのです。

この経験から、経歴やスキルだけを見るのではなく、私たちの理念やビジョンに共感してもらえるかということを重視する採用方針になりました。今では、面接を通し、私たちの考えをじっくり伝えています。

バリアをバリューに変えるという理念には、表も裏もありません。しかし、それを実現するための一つひとつの仕事は、地道な営業や資料作りなど、根気や繊細な作業を必要とするものばかりです。どの企業も同じですが、キラキラした部分だけをイメージして入社するとギャップの大きさに悩む可能性が高いので、事前にしっかりと話をするようにしています。

私に対する過大評価や固定化された印象も、できるだけ取り除くようにしています。

「障害がある身でありながら、社会変革に取り組む経営者」などと私につく枕詞は、私の一面の真実ですが、生身の人間なので別の表情もあります。

私は回りくどい言い方や気長に進める仕事が苦手です。感情の起伏が相応にあって、パソコンに向かいながら独り言を、独り言とは思えない音量で口にしては周囲を驚かせることも珍しくありません。

人の話を聞くこと、人と向き合うことも好きなのですが、組織作りやその戦略策定は民野や取締役の梶尾武志に任せています。二人に言わせると、私にはそうした面で「感情移入しすぎたり、マネジャーとしてポンコツ」なところがあるそうです。耳の痛い話ですが、そのために優秀な経営チームがあるのだと割り切って、信頼して託しています。

ミライロでは、私の人となりや働き方は全社員が知るところです。だから、リーダーとしても一人の人間としてもまだまだ未熟である私の実像を、新しくミライロに加わる人には知ってもらう必要があります。

社員には、自身の目で見た事実をあるがままに受け止め、自身の頭で考え、自身の言葉で伝える努力を続けてほしいと願っています。会社の理念やビジョンをそのまま丸呑みにするのではなく、自身の軸をしっかりと持ったうえで、ミライロとの交点を見つける。一人ひとりがそうすることで、組織としてのミライロの軸も、ちょっとやそっとでは揺らがない強いものになると考えています。

梶尾が、ある年の全社集会で面白いワークをしてくれました。11の質問があって、その中のいくつかにハッとさせられました。たとえば、次のようなものです。

- 自分が成そうとしている願いと、ミライロが成そうとしていることの結節点は何ですか？
- すべてにおいて制限もリスクもないとしたら、本当はどのようなことを成したいですか？
- 余命が1年だとしたら、やらないことは何がありますか？

私が余命1年になってやらないことは、「仕事以外のこと」。本当に成し遂げたいのは、バリアがバリューになる社会を実現すること。自分とミライロの成そうとしていることは何も変わらない。当たり前といえばそうかもしれませんが、私の軸とミライロの軸はピタリと一致していました。

しかし、同じことを社員に求めているわけではありません。むしろ、先に述べたように、自身の軸を持ったうえで、どこかミライロの軸と交わるところがあればいい。そう考えています。

日本のこれからはもっと明るい

700年も前に、経済的にも社会的にも自立して生きる障害者がいた日本。社会インフラは脆弱で、どんな人でも移動はもとより、日々の生活さえ、時に命がけの暮らしを送っていた時代の話です。自らの能力と才覚でたくましく生き抜いた障害者も、また、それを受け入れた人々も、限界を決めず、境界を引かないという点で、世界に誇る共生社会だったといえるでしょう。

日本のバリアフリーは今、あと一歩のところに来ています。施設のバリアフリー化は進み、障害者の社会参加を拒む環境面のハードルは至るところで低くなりました。その一方で、障害者が積極的に外出をして、仕事をしたり、買い物やレジャーを楽しんだり。そんな当たり前の生活を送るうえで、意識と情報のバリアフリーにはまだまだ伸び代があります。

ソフト面、言ってみれば、「ハートのバリアフリー」が、ハードに追いついたとき、日本は再び世界に誇るバリアフリー大国になるでしょう。恵まれた時代に生を受けた者として、障害のある当事者として、その日が来るまで、私はミライロの事業を通じて挑戦し続けます。

すでに明るい兆しも見えています。若い世代ほどハートのバリアが低い傾向があります。2022年に内閣府が行った調査では、障害のある人が身近で普通に生活しているのを当然とする「共生社会」について、50代までと60代以降で意識の差が見られました。特に10代、20代では、4人中3人が「当たり前だと思う」としており、全世代の中で飛び抜けて多い結果になりました。また、若い世代ほど障害者への偏見や差別に敏感な傾向も認められます。

これは、高齢世代が遅れていて、若年世代が優れているという単純な話ではありません。戦争が身近にあった社会では、戦力ならざる者は能無しと見なされ、当たり前のように差別されました。

そのため、家族も世間体を気にして、障害者を家から一歩も出さず、座敷牢のようなところに閉じ込めておくことも珍しくありませんでした。その結果、街で障害者の姿を目にすること自体が、今よりも少なかったのです。

一転して第二次世界大戦後は、傷痍軍人が街にあふれました。国のために戦って傷ついた彼らは同情の対象ではありましたが、その痛ましさゆえ、「見てはダメだ」と子どもに禁じる親もいたと聞きます。

そうした時代に育った人が、「共生社会」をイメージして心の底から実現を願うのは、それほど簡単ではないかもしれません。子どもの頃の柔軟な心と思考は、良いものもそうでないものもすぐに吸収してしまうからです。だから、柔らかい心と思考を持つうちに、何を見て何を考えるかが重要だと感じます。

ユニバーサルマナー検定は、教育現場でも採用されています。品川女子学院では、これまでに中等部と高等部を合わせて2000人以上の生徒さんがユニバーサルマナーを学んでいます。いつも心を打たれるのは、「なぜ障害者や高齢者への対応方法を学ぶ必要があるのか」、その本質を理解している生徒さんが多いことです。過去のアンケートでは、こんな声が寄せられました。

- 高齢者や障害者を目にしない日はないので、どこでも手助けできるようになりたいです。
- 少子高齢化やグローバル化がさらに進めば、地域のみんなが助け合う時代になると思います。

立派な生徒さんたちばかりです。自身のことしか考えていなかった中高生時代の私に、見せてやりたいくらいです。彼女たちの多くは、おそらく健康面でも、そして環境的にも恵まれているのかもしれません。歩くことだけを渇望していた当時の私に、彼女たちと同じ答えを求めるのは、われながら酷だとも思います。どんなに恵まれていても自分のためにしか生きられない大人は数多くいます。私も一歩間違えば、そうなっていた可能性があります。

社会を変える、未来を変える

足で歩くという夢を絶たれた直後、私がぼんやりと起業を志したのは「何者か」になりたかったからです。社長になって事業を大きくすれば、かわいそうな障害者というタグ付けから自由になれると思いました。元は自分本位です。

それが、実際に会社を立ち上げて、事業を続けていくうちに変わっていきました。何度も壁にぶつかったものの、そのたびに社員はもちろん、お客様や大先輩の経営者、そのほか大勢の方に助けられながら、どうにかここまでやってこられました。

新型コロナウイルスの感染拡大によって、日本中のあらゆる動きがピタッと止まったときもそうでした。

創業からずっと、私を突き動かし、成長させてくれたのは、皆さんからの温かい声です。「ミライロの存在を思うだけで、障害がある息子の未来に希望が湧く」と涙を流しながら話してくれた親御さんの言葉も、心に深く刻まれています。

当然、ダメ出しされることもあります。ミライロＩＤが使えるはずの施設や店舗で、予想とは違う残念な対応をされた。せっかく楽しみにしていたのに、がっかりした。ミライロＩＤを提示したら、窓口の人にきょとんとした顔をされて恥ずかしかった。

こんな声をいただくたびに、私たちは事実を確認して、改めて店舗や施設側に対応をお願いするということをやってきました。そうやって一歩ずつ、たくさんのユーザーに喜ばれるサービスに近づき、「ありがとう」とか「こういうサービスを待っていた」と言ってもらえる瞬間が増えていく。

これらを繰り返しているうちに、ミライロの事業は私のエゴから離れて、「社会の公器」に近づいているような気がします。今の私には「何者」かになるよりもずっと大切な、目の前のユーザーやステークホルダーの期待に応え、日本を名実ともにバリアフリー先進国にするという大きな目標があります。自分のためだけに生きるのは、つらくて寂しいけれど、誰かのために生きるのは、たとえしんどくても楽しいものです。

障害があってもなくても、自分次第で人生を変えられると、私は経験から学びました。この身体で生まれてこなかったら、一生かけてもそんなふうには思えず、失敗や不運を他人のせいにすることもあったかもしれません。だから、私は私の人生を、受け入れつつあります。この先、日本が世界に誇れるバリアフリー先進国となり、そこに少しでも貢献したと実感できれば、障害そのものを肯定できる日が来るかもしれません。

私たちの目標はまだ遠いところにあります。創業時には大学生だった民野と私は、三十代半ばになりました。これまでに達成できたこととそうでないことを比べると、できなかったことばかりに目が行き、焦りが募ります。

私たちが描く未来を一日でも早く実現したい。そのためには、私たちのビジョンに共感し、一緒に盛り上げようと思ってくださる企業を一社でも、一緒にやってみようと思ってくださる方を一人でも、増やしていかなければなりません。そのためにこの本を書きました。今のミライロと私の歩みを知っていただくため、飾らずに本当のことを書きました。

人生の歩き方を変えられるように、社会も変えられると信じています。しかし、ミライロや私個人の力だけでは、その道は遠く、困難に満ちています。重要なのは、社会や私たちの心にあるバリアを認識し、それを突き崩すために行動を起こすことです。一人ひとりの小さな勇気と行動が周囲の変化を促し、最終的には日本、そして世界を変える、そう私は確信しています。

◆無関心と過剰の間

２０２４年４月、改正障害者差別解消法の施行により、障害者を不当に差別することを禁止するとともに、障害者からバリアを取り除くための何らかの対応を求められた場合、過度の負担がない範囲で「合理的配慮」を提供することが義務づけられました。

２０１３年に障害者差別解消法が成立し、２０１６年に施行された後も、民間事業者において合理的配慮の提供は努力義務とされてきましたが、改正法の施行により、国や地方公共団体などと同じく法的義務となったのです。

改正法が公布されたのは２０２１年なので、施行までおよそ3年の猶予がありました。一部の企業を除けば、施行まで1年を切った頃から法対応に向けた動きが急速に広がった印象です。合理的配慮の範囲について質問されることが増え、障害者からの要望にどこまで対応すべきか、これ以上は対応できないという線引きをどこでするのか……。多くの企

障害者差別解消法の動向

2016年4月
障害者差別解消法
施行
障害者への差別解消を
推進することを明文化
2021年5月
改正障害者差別解消法
成立
合理的配慮の提供を
努力義務から法的義務へ
2024年4月
改正障害者差別解消法
施行
法的義務に準拠した
体制構築が求められる

業や担当者が「正解」を求めているようです。

しかし、これさえやっておけば絶対に大丈夫という正解は存在しません。なぜなら、何がバリアになるのか、それをどのように取り除いてほしいかは、障害者一人ひとり、また状況に応じて異なるからです。さらに言えば、とにかく手厚くサポートすることが必要なわけでもありません。過剰な対応に違和感を覚える障害者が意外に多いからです。

私も鉄道を利用するときなどに割り切れない思いを感じることがあります。車いすユーザーの単独乗車を認めていない鉄道沿線がいくつかあり、「一人で大丈夫です」と伝えても駅員の方が必ず付いてきます。

同行者がいても執拗に確認されることもあり、事故があってはいけないと心配する気持ちはわかるのですが、必要以上に周囲の視線を集めるし、友人や恋人と一緒のときには会話も途切れがちになって気分が沈みます。介助を求められたら可能な限り応じて、必要ないと言われたら無理強いせずに本人の意思を尊重してほしい。これが多くの障害者の正直な気持ちではないでしょうか。

そうは言っても、無関心と過剰の境目がどこにあるのか、事業者としては頭を悩ませることもあるかもしれません。そんなときは配慮を必要とする本人に聞いてください。新大阪駅発の特急列車に乗ろうとした私が体験したのも、まさにそうした対応でした。

「どちらまで行かれますか?」。駅員さんにそう聞かれた私が、「ありがとうございます。白浜までですが、一人で乗れるので大丈夫です」と答えると、駅員さんは続けました。

「わかりました。では、到着の際のお手伝いはいかがいたしましょうか。特急券を事前に購入されていたので、あらかじめ白浜駅には連絡してありますが、必要がないようであれば、そう伝えますので、おっしゃってください」

そういえば白浜駅のホームには段差があったはず。そう考えた私は、スロープを用意してもらえるとありがたい旨を伝えて、お礼を言いました。サポートが必要かどうかを聞かれることはあっても、必要がないことを到着駅に伝えるべきかどうかを聞かれたのは、このときが初めてです。

新大阪駅はよく利用するので、何人かの駅員さんは一人で乗降車する私の存在を知り、気にかけてくれていたのです。だから到着駅へ事前に連絡したうえで、当日に私の意思を確認してくれた。実にスマートで、とてもありがたい対応でした。

無関心でも過剰でもない、ほど良いサポートがいつでもどこでも提供されるようになれば、障害者の日常は今よりずっと明るいものになるはずです。必要なのは「正解」探しではなく、目の前の一人ひとりに向き合うことなのだと思います。

改正障害者差別解消法に対して必要以上に構える必要はありません。「障害を理由とするあらゆる差別をしない」というごく当たり前のことを当たり前と捉えて、そのためにできる限りの取り組みを行う。

このシンプルかつ、きわめて重要なスタート地点さえ見失わなければ、万が一、障害者やその家族との間で行き違いが生じた場合でも、建設的な対話を続けることができるはずです。その公正で前向きな姿勢は障害者を含む多くの消費者、そして社会全体へ伝わることでしょう。

社会や環境に配慮して買い物などをするエシカル消費は、一時の流行を超えて、一層浸透しつつあります。また、欧米では企業に対して、サプライチェーン上の人権リスクを特定・評価して、是正や予防措置などをとる人権デューデリジェンスを義務づける動きが広がっています。

日本では法制化には至っていないものの、企業も世界的な潮流と無縁ではいられません。仮に自社が直接関与していなくても、サプライチェーン上のどこかで人権侵害が認められれば、投資家や消費者から厳しい評価を受けることは必至です。かつてないほどソーシャルグッド（社会や世界に良い影響を与える企業活動や製品）であることが企業に求められています。

しかし、それよりも何よりも注目すべきは障害者、そして、障害者と同じくさまざまな支援を必要とする高齢者の市場としての魅力です。成長が望めるこの顧客層をしっかりと取り込むことが、国内市場で持続的な成長を遂げるうえでは欠かせません。

合理的配慮を提供せずに、障害者や高齢者、その家族や友人からそっぽを向かれれば、その企業は社会的価値だけでなく経済的な価値も失うことでしょう。このことにいち早く気づいた一部の企業は、法制化を待たずにバリアを取り除くための取り組みを進めています。

◆信念とリーダーシップで高まる企業価値

たとえば、セブン-イレブン、ファミリーマート、ローソンなどのコンビニ各社ではユニバーサルデザインのATM（現金自動預け払い機）を設置したり、ユニバーサルマナー検定の取得を進めたり、より多くの顧客を迎えるための取り組みを進めています。

買い物は日常の楽しみでもあり、災害時には命綱とも呼べる営みです。だからこそ、誰もがバリアを感じずに利用できるハードとハートが整っている必要があり、そうした業界で障害者対応に関する取り組みが広がっていくのは心強い限りです。それは同時に、企業にとっては顧客基盤を強化するための施策でもあるのです。

私が買い物をするなら、通路の広い店を選びます。高いところに陳列された商品は手が届きにくいので、「取っていただけますか」と気軽に頼める店員さんがいると助かります。同じように杖が手放せない高齢者は、何も言わなくても会計後の買い物かごをサッカー台（買い物した品を袋詰めするためのカウンター）に気持ち良く移動してくれるスーパーに足を運ぶはずです。

一回の買い物額は大きくなくても、毎日のことなのでリピーターになって来店頻度が上がればLTV（顧客生涯価値：一人の顧客が生涯または一定期間にもたらす利益）はかなりの額になります。競争が激しく、競合との差異化がしにくい業界において、幅広い顧客層が「来店する理由」をつくることはソーシャルグッドを超えた強さの源泉にもなりうるのです。

こうした取り組みを積極的に展開する企業には、共通する特徴があるように思います。それは特別な配慮が必要な人もそうでない人も自社の重要な顧客ないしは人財であるという、経営トップの強い信念とリーダーシップです。

もしも差別解消やバリアフリーを掲げながら、社長が目の前の効率化やコスト削減を優先すれば、その真意は必ずその会社の人たちにも伝わるでしょう。その逆に美しい言葉を並べなくても、やるべきことに取り組む姿は、従業員一人ひとりの意識と行動を変える力になるはずです。

事実、ユニバーサルマナー検定を社内で最初に経営トップが取得し、「これは会社にとって絶対に必要だから」と他の役員や従業員に受講対象を広げていただいた企業が多くあります。また、私たちの想いに共感してくださった企業は、先述のコンビニ各社の他に、Osaka Metro、西武鉄道、ヤマト運輸、住友林業、ダイハツ工業、大同生命、東急ホテルズ&リゾーツ、ロイヤルホールディングスなど数えきれません。

こうして書き出してみると、いずれも伝統のある錚々たる企業ばかりであることに改めて気づかされます。良き企業市民であることと企業価値を高めて投資家などの信任に応えることは両立するものなのです。

改正障害者差別解消法は、障害者をはじめ特別な配慮を必要とする人たちの市場に成長機会を求めるすべての企業にとって、千載一遇の機会となるはずです。

◆伝える力が共感と自信を生み出す

2024年現在、およそ5万8000人の障害者が大学・短期大学・高等専門学校に通っています。大学施設のバリアフリー情報を調査して、マップを制作するサービスを開始した2011年には1万人強だったので、この十数年で5倍以上に増えたことになります。

私が大学を決めるときにしたように、一校一校に電話をかけて質問したり、現地へ直接足を運んだりしなくても、バリアフリーマップを見れば大体のことはわかる状況をつくりたい。その一心で社員とともに取り組んできたことが、障害のある学生数の増加に少しでも貢献できたのなら、これほど嬉しいことはありません。

高等教育を受けることが必ずしも必要と言うつもりはありませんが、たとえば、大学に行くのと行かないのとでは、就職するにしても事業を起こすにしても、前者のほうが選択肢は広がるはずです。

私自身、親元を離れて大学へ進学したことで、民野と出会い、アルバイトやビジネスコンテストへの参加を通じてさまざまな経験を積み、少しずつ自信をつけて後の起業につながりました。熱心に勉強をしたとは言えませんが、大学進学が新しい扉を開く一つのきっかけになったことは事実です。

学歴などとは関係なく、自らの才能や資質で道を切り開く障害者も大勢います。仕事ができずとも、一人ひとりの存在は周囲にとってかけがえのないものであることも明らかです。大切なのは障害のある若者が心身の状況が許す範囲で、自身の道を本人の意思で選び、そして、その選択に自信が持てることです。

障害児には自信が持てない子どもが少なくありません。同じ年齢の子にできることが自分だけできない経験を数えきれないほどしていれば、無理もないでしょう。そんな障害児に自身の考えをまとめ、伝える経験をしてもらうために始まったのが「未来を見通すコンテスト」(通称「ミラコン」)です。

特別支援学校の校長先生の集まりである全国特別支援学校長会から「特別支援学校の生徒が参加できるプレゼン大会を実施したい」と相談を受けたのがきっかけで、私も企画段階から携わっています。大会の名づけ親という大役もいただき、生徒たちが自身のミライを創造するきっかけにしてほしいという願いを込めて「ミラコン」としました。

参加する生徒は、どうすれば障害のある人が生き生きと暮らしていけるのかを、自らのません。経験を踏まえて提案します。障害があるからこその経験と視点に価値を見出し、どんな伝え方をすれば聞く人の共感が得られるかを考え抜く。この一連の経験が生徒たちを大きく成長させます。

考えてみれば、ミライロが事業を続けてこられたのは、「バリアバリュー」という理念を掲げ、多くの方へ実現したい未来を伝え、それに共感を寄せてもらえたからです。学生時代から多くのビジネスコンテストに参加して、いくつもの賞をいただきました。審査員の方に顔や名前を覚えてもらえることが何よりありがたく、それを機に長くお付き合いをさせていただくようになった企業や経営者の方は数えきれません。

学生だった私たちには最初、資金も技術も経験も、何のリソースもありませんでした。あったのは、拙いながらも深め続けた思考と磨き続けた言葉だけです。これは、私たちが歩みを止めない限り、失われることはありません。叶えたい未来があるすべての人にとって、思考と言葉が生み出す、共感を呼ぶ力は代えがたい大事な資産となるはずです。

近い将来、ミラコンの参加者の中から起業家が生まれるかもしれません。企業やNGOに所属して世界にインパクトを与える人もいるでしょう。どんな道を選ぶにせよ、未来は自らの手で変えられるという確信を持って彼ら・彼女らが社会へ旅立つことを願ってやみません。

◆不自由から生まれたイノベーション

「障害は一つの個性」と言われることがありますが、障害は障害です。個性ならば尊重したり伸ばしたりすることを考えますが、障害はないに越したことはありません。

一方、人類は障害を克服するために、さまざまなものを生み出してきました。農耕牧畜の発明によって狩猟採集から脱し、食糧を自らコントロールするすべを手に入れました。インターネットは、研究者や技術者が物理的、時間的な距離を乗り越えて議論を交わし、情報交換をするために生まれたものです。現在は気候変動という危機に直面する中、新たな技術の開発や国際的な取り組みが急がれています。

こうしたイノベーションは往々にして、既存の枠組みからはみ出た存在や発想から生まれます。それまでの習慣や考え方にうまく適応するのではなく、より良い未来を見通して新たな価値を創造するうえで、固定観念は妨げになることが多いからです。

他の人にはない性質や経験がイノベーションの機会となることを、私も身をもって学んできました。高さ1メートルの目線、車いすユーザーだからこそ、気づくことや伝えられることがあります。同様に視覚障害者や聴覚障害者は、目が見えない、耳が聞こえないからこそ、人とは違う経験や感性を持っています。

小さな気づきや違和感が起点となり、深い洞察を経て新たな発見や思いもかけないもの同士の新結合につながる。特性はイノベーションにもつながるものです。

ミライロＩＤのロゴマークにも、そうした思いが込められています。キリンをモチーフに選んだのには、五つの理由があります。

障害者手帳を、あなたのスマホへ。
MIRAIRO ID
ミライロIDのロゴ

一つ目は、人間らしさと多様性です。神経質で臆病なくせに好奇心旺盛なところは人間くささを感じさせます。バイセクシャルが多く、性の多様性を象徴する動物として紹介されることもあります。

二つ目は、社会全体で向き合う必要性です。絶滅危惧種に認定されているキリンの保護は、全世界で向き合い、解決していくべき課題であるという点で、障害者の社会参加支援と共通しています。

三つ目は、個性から生まれる革新性です。キリンは高い血圧で心臓から遠いところにある脳や足先にまで血液を送り込んでいます。それでも貧血やむくみなどの弊害が起きないのは特殊な血圧システムのおかげだとされ、これを参考に宇宙服も開発されています。他にはない特性がイノベーションにつながることを、キリンのマークを通して多くの人に伝えたいと考えました。

四つ目は、不自由から生まれた先見性です。もともと森に暮らしていたキリンの祖先は、現在よりも体が小さく、首も短かったそうです。それから、見晴らしが良く、敵に見つかりやすい草原で生きるようになり、肉食動物などから身を守るため、速く走れる長い脚と大きな体を持つようになったといわれています。

首の長さは、他の動物が届かない高い位置にある木の葉を食べるためです。体を大きくかがめずに立ったままで水が飲めるのも、生存競争を生き抜くうえで有利に働いたそうです。厳しい世界を生きるため、未来に向けて自ら進化していく。そんな不自由から生まれた先見性に、障害者の生活を変えるというミライロの志を重ねたのです。

五つ目は、ミナミキリン、マサイキリン、アミメキリンなどの細かい分類があり、同じく障害の内容によって異なる障害者手帳の分類に通じる点に着目したためでした。

２０１９年７月、このキリンのロゴマークとともに世界初のデジタル障害者手帳として誕生したミライロＩＤは、私たちの当初の予想を上回るスピードとスケールで広がりを見せています。民間事業者としては第一号となったマイナポータルとの連携、クーポン、ストア、マップなどのサービス拡充などを経て、４０００（２０２４年６月時点）を超える場所で使えるようになりました。障害のある人がミライロＩＤの入ったスマートフォンを片手にどんどん街に出ていけるよう、これからも使える場所を増やしていきます。

ミライロＩＤが持つ障害者手帳や福祉機器の情報を他のサービスに提供するシステム連携は、事業者が合理的配慮を提供する際にも役立つものです。本人確認や身体特性の把握がスムーズになり、自ら積極的に配慮を求めにくい障害者に対しても、本人の意向を踏まえたうえで手を差し伸べやすくなります。

事業者にとっても障害者にとっても、合理的配慮が特別なことではない未来をつくるため、ミライロＩＤは進化を続けていきます。

◆バリアバリューを日本から世界へ

ミライロでは早い時期から世界での事業展開を視野に入れてきました。初めは日本だけでも手が回らないのに世界なんて、という思いもありましたが、ミライロＩＤの前身であるバリアフリー地図アプリ「Ｂｍａｐｓ（ビーマップ）」が海外で評価され、現地の障害者やそのご家族へ講演する機会が増えたことで、視野が広がっていきました。海外展開を通じて、世界の障害者をめぐる環境を革新するという新たな使命を見つけたのです。

後にエクアドルの大統領になるレニン・モレノさんとお目にかかったのは、２０１５年

12月、モレノさんが障害者支援を担当する国連事務総長特使をされていたときです。強盗に銃撃されて半身不随になり、車いすを使うようになったモレノさんは、エクアドルの副大統領時代に障害者の権利向上に奔走します。そうすることにより、障害者だけでなくすべての人々がお互いを尊重する社会が実現し、国を前進させると考えたからです。

Ｂｍａｐｓをリリースすることを伝えると、エクアドルの障害者にもこのサービスが必要だと強く希望され、日本財団の支援の下、それを実現しました。Ｂｍａｐｓは、英語版をメインに展開していましたが、日本に次いで多くの情報が集まったのがスペイン語版です。

２０１７年、大統領選に勝利すると、早速私たちをエクアドルに招いてくれました。以前から相談を受けていた首都キトのバリアフリー化に向けた現地視察と、障害者やその家族を対象とする講演を依頼されたのです。エクアドルの障害者が経済的にも社会的にも厳しい環境に置かれていることは聞いていたので、即座に私は快諾しました。

障害者の社会参加が進んでいないのはエクアドルに限った話ではありません。イタリア、フランス、ドイツなど、日本を大きく上回る法定雇用率を定めて仕事を通じた自立を支援する国がある一方で、一部の仏教国や開発途上国では仕事はもとより社会の一員として普通に暮らすことさえ難しいケースがあります。

仏教国での障害者差別には、前世で悪事を働いた者が障害者となるという輪廻転生《りんねてんしょう》の概念が強く影響しているとされます。そのため、差別を恐れて外に出られず、家に閉じこもったまま生涯を終える障害者もいます。

ミライロではこうした現状を少しでも変えるため、JICA(国際協力機構)や日本財団の協力の下、タイ、ミャンマー、モンゴルへ、私や障害のある社員が出向き、障害者やそのご家族、あるいは雇用を担う企業に向けてセミナーなどを行ってきました。どこの国でも話の内容だけでなく、私たちの姿そのものが関心の的になりました。障害があっても仕事はできるし、重要なミッションを果たすため、世界の国々を訪れることもできる。ミライロのことを知り、未来が開けたような気がする。そう言ってもらえました。

エクアドルでの講演会にも、交通事情が悪い中、10時間以上もかけて駆けつけてくれた障害のある方がいました。

障害児の親御さんは、「車いすのあなたがスーツに身を包んで遠く日本から招かれ、今ここで立派に講演していることは私たちにとっての希望です」と語ってくれました。当事者ならではの視点を活かして事業を行う私の存在が、世界の障害者のより良い未来に少しでもつながるのであれば望外の喜びです。

ハードの面でもハートの面でも、日本を世界に誇るバリアフリー先進国にするという目標の先に、ミライロは世界を見据えています。ミライロＩＤやユニバーサルマナー検定などの事業をグローバルで展開するのはもちろん、障害を価値に変えられるという考え方そのものを世界へ広げていきたい。障害に対する認識や概念を変えて、「バリアバリュー(Barrier Value)」を世界で通じる言葉にしたい。心からそう願っています。

障害は個人の心身機能にあるのではなく、社会の側に存在します。社会の中にある物理的・制度的障壁、あるいは情報や意識のバリアが、障害をつくり出しているのです。

言い換えれば、これらの障壁が解消されれば、従来の「障害者」という概念が私たちの生活や意識の中から消える日が来るかもしれません。障害のある人とない人、支える側と支えられる側に分かれるのではなく、ともに支え合い、安心して生き生きと暮らせる社会が到来します。

とはいえ、この先にいくつもの高いハードルが待ち受けていることも理解しています。私たちはまだ、バリアをバリューに転換できる社会の可能性を日本で見出したにすぎません。

◆咲き続けるから、歩き続ける

私の手元に一通の古い手紙があります。私が幼稚園のときに母が園長先生へ宛てたもので、講演会の講師を務めるために故郷・中津川へ訪れた際、当時の園長先生が私に渡してくれました。綴られているのは、母の心からの感謝の思いです。

いくつもの幼稚園や保育園に「前例がない」と私たち親子は門前払いされました。そんな母に「ウチに来なさい。あなたの子はきっと大丈夫だから」と救いの手を差し伸べてくれたのが、杉の子幼稚園（岐阜県中津川市）の園長、郷田恵美先生です。

小学校に進学する際も周囲からは養護学校（現在の特別支援学校）への進学を強く勧められましたが、母は挫けませんでした。私の幼稚園での様子や家庭での生活をビデオに撮って、普通学級に通わせてほしいと教育委員会や学校にかけ合ったのです。

杉の子幼稚園が受け入れてくれなければ、私は地元の小学校で学ぶことはできなかったでしょう。そうなれば私の人生は、今とはまったく違ったものになっていたはずです。

手紙には5歳の私が、母へ伝えた言葉が綴られています。

「花は枯れたら終わりだけれど、足が枯れることはない。だから折れても、折れてもまた歩ける」

その言葉に応えるように今度は、母が私にメッセージを残しています。

「花が種を残してまた次の花を咲かせるように、希望を捨てなければ心の花も枯れることはない」

大人になった今、その教えは当時とは違う重みをもって心に響いています。

「バリアバリュー」は、もはや私個人の希望ではありません。私たちを後押ししてくださる企業、行政に携わる方々、そして、障害のある当事者とそのご家族。

大勢の人がバリアバリューの芽吹きを心待ちにしてくれています。私は自身の路を歩き続けます。自身の色を描き続けます。ミライロが目指す未来を実現するその日まで。

花とオレの足と比べたら 花の方が かわいそうなんやにー』…

ボロボロと涙が出て 何の返事も出来ずにいる私に 俊武は
「ねぇー 聞いとるの」? 「そんな事で 泣いとって どうするの」!! と言いました。

本来なら親が子に諭すであろう事を自分で感じ取り、
この子なりに葛藤しているのかと思うと 痛々しくもあり、頼もしくも感じました。将来、きっと苦しことがあっても頑張ってくれると確信を得る 出来事でした。

私も、これから先、子供に教えてもらった七転八起の精神で前進していかなければならないと思います。

　俊武を苗木小学校へと導いて下さった杉の子幼稚園の先生、お友達、皆様に感謝の気持ちで一杯です。

杉の子幼稚園に出会え、貴重な経験を積ませて頂いている事にただ ただ お礼申し上げます。

3月の卒園まで あとわずか…. 残された園での日々を充実して送れる事を願ってやみません。1日1日を大切に過ごして行きたいと思います。

1月12日

垣内 美智子

年が明けて 早くも2週間が過ぎ様としています。時が経つのは、
本当に早いものですね。思えば 運動会、生活発表会など 行事の多かった
2学期も先生やお友達の存在が大きな支えとなり 元気に過ごす事が出来、
あっという間に終ってしまった様な気がします。

年長さんになって9ヶ月…… いろんな面で子供の成長を感じ、また、
小学校への希望に胸膨らませる今日この頃です。

昨年の6月から県や市の方々と俊哉の就学先について話し合いの場が
もたれ、幾度となく討議されてきました。苗木小学校を希望するものの、
教育委員会の先生、委員会の担当医師から勧められるのは、やはり
養護学校でした。体の事を第一に考えて勧めて下さったのですが……
私たちは"地域で育てたい"と信念をもち、思いを伝えてきました。
また、俊哉をいろんな角度から見てもらいたいと考え、園での生活の様子、
家での様子などビデオに収め 判断材料にもして頂き、話し合いを
続けてきました。そして、11月7日、各小学校の校長先生、教育委員会の先生
担当医師、児童相談所の先生方で 就学先が決定される就学指導委員会
が開かれ、その結果 苗木小に決定したと 正式な朗報が入ったのは
12月7日のことでした。"私たち親子の思いが通じたんだ"と 嬉しさが
込み上げてくる反面、本当にやっていけるのだろうかと 不安も拭い切れ
ません。でも、与えて頂いたチャンス、精一杯 頑張ろうと 気持ちを
改たに、厳粛な思いで受け止めさせて頂いたのです。

それから数日後、苗木小学校で話し合いがあった日のことです
打ち合わせが終ると 俊哉が「今、何時」? 略「幼稚園 まだ
間に合うに」と言うので、それではと 大急ぎで仕度をし
園に向ったのです。途中、「オレ 感じた事がある」と言い出し
「何を感じたの」??? と聞くと『先生の机の上に花があったらー
その花さぁー 枯れとったにー 花はよー 枯れちゃうらー
枯れたら もう終りやに でもよー オレの この足は 枯れんにー
オレの足は折れても折れても また立って 歩けるにー

母が郷田恵美先生へ宛てた手紙（1996年1月12日）

俊哉へ
卒園おめでとう!!

年中さんの時は、体力的について行けず、お休みする日が多かったけど、お友達とあそぶ楽しさを、教えてもらったね。

休みがちの俊哉にも、楽しく発表会に参加出来るようにと、足立先生に、いろいろ工夫してもらったお陰で、とってもかわいい「あまだれさん」がやれたね。お父さんもお母さんも、とっても嬉しかったよ。

年長さんになってからは、見ちがえる位にしっかり歩ける様になり、園外保育にも参加出来て、てんとう虫をつかまえたと、うれしそうに笑っていたよね。遠足も途中まで、歩いて行けたし、富士見台のハイキングにも、みんなに助けてもらいながら、頂上まで、登って、雪すべりもしたね。他にもサッカー、プールなどほんとうに、いろんな事に参加する事が出来たね。

お泊り保育では、お母さんたちと離れお友達と一緒に過ごし、楽しい思い出となったことでしょうね。運動会・発表会、クリスマス会などの行事一つ一つに、忘れられない大切な思い出が一杯ですね。とても楽しい2年間だったね。元気に杉の子に通う事が出来たお陰で、茜木小学校に入学が決まり、お母さんにとっても、忘れる事の出来ないとても大切な2年間となりました。先生やお友達が俊哉をはげまし、勇気づけてくれた事決して忘れないでね。

四月からは、いよいよ一年生ですね。

一歩一歩、前を向いて歩いて行こう!!


『希望』

「花は、枯れたら終り」と言ってたね。花は枯れても種を残し、またきれいに花を咲かせるんだよ。だから安易に花を摘まないでね、摘んだりしなければ、花は生き続けるんだよ。だから希望をすてないでね。希望を持っていれば心の花も枯れる事なく咲き続けると思うよ。春になれば、校庭の桜もきっときれいに花を咲かせ俊哉が来るのを、待っていてくれると思うよ。


幼稚園の卒園文集「母からのメッセージ」（1996年3月）

本書では、ユニバーサルデザインに対応した以下のフォントを使用しています。
・本文：A-OTF UD黎ミン Pr6 R
・見出し：A-OTF UD新丸ゴ Pr6N M
・図表：A-OTF UD新丸ゴ Pr6N R／M／DB

【著者紹介】

垣内俊哉（かきうち　としや）

株式会社ミライロ代表取締役社長。

1989年生まれ、岐阜県中津川市出身。骨形成不全症という遺伝性疾患のため、幼少期より骨折が多く、車いすでの生活を送る。2010年、立命館大学在学中に株式会社ミライロを設立。バリアフリーマップの制作や、多様な方と向き合う「マインド」と「アクション」を学ぶユニバーサルマナー検定の運営を行う。近年は、デジタル障害者手帳「ミライロID」の開発・運営も手がけている。2013年に一般社団法人日本ユニバーサルマナー協会を設立し、代表理事に就任。東京オリンピック・パラリンピック競技大会組織委員会アドバイザー、国家戦略特別区域諮問会議有識者議員などを歴任。龍谷大学客員教授、上智大学非常勤講師、立命館大学訪問教員も務める。日経ビジネス「THE 100―2014 日本の主役」、財界「経営者賞」（第64回）、「日本スタートアップ大賞2023」厚生労働大臣賞などに選出・受賞。著書に『バリアバリュー　障害を価値に変える』（新潮社）、『10歳から知りたいバリアバリュー思考　自分の強みの見つけかた』（KADOKAWA）がある。

バリアバリューの経営

障害を価値に変え、新しいビジネスを創造する

2024年11月12日発行

著　者――垣内俊哉

発行者――田北浩章

発行所――東洋経済新報社

〒103-8345　東京都中央区日本橋本石町 1-2-1

電話＝東洋経済コールセンター　03(6386)1040

https://toyokeizai.net/

装　丁………………竹内雄二

本文デザイン・DTP……米谷　豪（orange_noiz）

印　刷………………港北メディアサービス

製　本………………積信堂

編集協力……………相澤　摂

編集担当……………川村浩毅／佐藤　敬

ISBN 978-4-492-52237-0